U0108480

劉岳

中國典故80美例

增訂版

中國典故 80 美例（增訂版）

作　　者：劉　岳

責任編輯：徐昕宇

封面設計：張　毅

出　　版：商務印書館（香港）有限公司

香港筲箕灣耀興道 3 號東滙廣場 8 樓

http://www.commercialpress.com.hk

發　　行：香港聯合書刊物流有限公司

香港新界大埔汀麗路 36 號中華商務印刷大廈 3 字樓

印　　刷：美雅印刷製本有限公司

九龍觀塘榮業街 6 號海濱工業大廈 4 樓 A

版　　次：2018 年 6 月第 1 版第 1 次印刷

ISBN 978 962 07 5786 0

Printed in Hong Kong

目錄

歷史故事

宗教傳說與神話故事

一畫有千秋遐想*

——古代繪畫與工藝裝飾中的歷史典故

熟悉中國古代文學的讀者朋友一定知道詩文創作中經常使用的一種修辭手法——“用典”。所謂“用典”，也就是將一些歷史故事濃縮成幾個字、一個短語，巧妙地化入到作品中，這樣做不僅可以滿足對仗、平仄等形式需要，更重要的是達到“據事以類義，援古以證今”（南朝 · 劉勰《文心雕龍》）的效果：既可增強論理的說服力，還能於相對較小的篇幅內涵容更多層次的意思，從而實現以少勝多、含蓄蘊藉的審美訴求。很難想像，如果不用典，那麼諸如“但使龍城飛將在，不教胡馬度陰山”（王昌齡《出塞》）、“商女不知亡國恨，隔江猶唱後庭花”（杜牧《泊秦淮》）等膾炙人口的詩句還能不能具有如此動人的藝術感染力。據《桯史》記載，辛棄疾在聽到友人認為《永遇樂 · 京口北固亭懷古》用典太多的意見後，曾試圖修改，卻“累月未竟”，因為用典的效果確非其他藝術手段所能簡單置換。

除卻文學中“用典”之外，在繪畫、工藝美術等藝術領域，化用歷史故事與神話傳說為創作題材的作品亦不鮮見。相較之下，繪畫與工藝美術等藝術形式因視覺性和直觀性的特點，而具有一些獨特的規律。首先，其受眾面更廣，影響也更大。其次，題材選擇更多受制於特定的消費群體或贊助人。如出自史籍之“蘭亭雅集”、“梅妻鶴子”、“倪瓚愛潔”等題材，其對象顯然是文人士大夫階層；而取諸通俗小說、戲曲的三國、西廂、水滸等故事，則為普通民眾所喜聞樂見。這兩種取向的衝突與融合，凸顯的正是審美好尚及時代精神的軌跡。再次，多選取矛盾集中的戲劇性場景，通過典型畫面實現由抽象到視覺的轉化。如顧愷之的《洛神賦圖》卷，主要人物以連環畫的形式反覆出現，將敘事與時空轉換巧妙地容納於同一畫面裏，自然過渡，圖解賦文的同時構築出全新的意境。而黃楊木雕東山報捷圖筆筒，則將“淝水之戰”的過程僅用“對弈”與“報捷”兩個場畫面出，顯示出藝術家卓越的提煉技巧，令人回味無窮。

美術作品的“用典”，固然有其自身的特性和規律，但古代的文藝理論家卻似乎更願意強調其與書寫經典的關係。西晉陸機嘗言：“丹青之興，比《雅》《頌》之述作，美大業之馨香。”唐代張彥遠在《歷代名畫記》裏也說：“夫畫者……與六籍同功。”宋代郭若虛在《圖畫見聞誌》中則說：“古人必以聖賢形象、往昔事實，含毫命素，製為圖畫者，要在指鑒賢愚，發明治亂。”明人宋濂在《畫原》中說得更詳細：“古之善繪者，或畫《詩》，或圖《孝經》，或貌《爾雅》，或像《論語》及《春秋》，或著《易》象，皆附經而行”，而“下逮漢、魏、晉、梁之間，《講學》之有圖，《問禮》之有圖，《列傳仁智》之有圖，致使圖史並傳，助名教而翼群倫。”所以，孔子在周都洛邑參觀禮制建築“明堂”時，看到門上所繪堯、舜和桀、紂之像，會感歎其“善惡之狀”寄寓了“興廢之戒”；而“畫聖”吳道子作《地獄變相圖》亦無非“使人遷善遠罪”。今天看來，類似說法更多反映的是儒家對於藝術的功利主義態度，不盡是歷史事實。然而，換一角度言之，強調其教化功能和社會意義，本有提高美術地位之目的所在。要知道，漢末以前作畫人的身份皆為工匠，東晉時以顧愷之為代表的一批藝術家的出現才使這種狀況有所改變，直到宋代以後，文人畫興起，繪畫才成為精英階層的必修課。怪不得宋人張敦禮還要辯說：“畫之為藝雖小，至於使人鑒善勸惡，聳人觀聽，為補豈可儕於眾工哉？”（元 · 湯垕《畫鑒》）

這樣的理論對於歷史題材美術創作的發展顯然是有益的。從文獻與實物來看，這一類作品產生得很早。據《漢書》載，征和二年（前 91 年），漢武帝準備傳位給年幼的劉弗陵，於是命宮廷畫師繪製了《周公負成王朝諸侯圖》，贈予輔政大臣霍光。這是較早且較具體的關於歷史題材繪畫的記錄。而在近年的考古發現中，馬王堆三號墓出土的一幅帛畫，被專家考證為與漢文帝遣使安撫南越王趙佗的歷史有關，此墓下葬時間更早至公元前 168 年。此外，洛陽燒溝漢墓有相當於西漢元帝、成帝時期的“鴻門宴”、“二桃殺三士”故事壁畫；朝鮮樂浪遺址則出土了漆繪“孝子”、“四皓”故事的東漢竹篋；還有以山東嘉祥武氏祠的“荊軻刺秦”、“泗水撈鼎”等為代表的漢畫像石、畫像磚，例子為數不少。

隨着中國美術的發展，表現歷史與傳說的作品也呈現出異彩紛呈的局面。以本書所涉內容為例，約可分為三類：

其一，情節性的故事畫或裝飾。截取某一段歷史或傳說的典型場景和典型人物加以凝練、概括地描繪。這一類作品還可細分，以表現史實為主的，如閻立本《步輦圖》、陳及之《便橋會盟圖》、劉俊《雪夜訪普圖》等；從前代文學作品中取材的，如戴進《三顧茅廬圖》、商喜《關羽擒將圖》等；圖解宗教經義和民間傳說的，則有《揭缽圖》等，特別以敦煌莫高窟、山西芮城永樂宮、北京法海寺等石窟、寺觀的壁畫為代表。

其二，歷史或傳說人物的塑造。對象多為忠臣孝子、英雄好漢或高士隱逸等，寄托了主流的價值觀和理想的人生品格，像商山四皓、嚴陵垂釣、竹林七賢等。有些還形成了固定的表現程式，如刻畫蘇武，多取“蘇武牧羊”；刻畫王羲之，則為“羲之愛鵝”；刻畫李白，必為“太白醉酒”等。

其三，還有一類如本書所選衛賢《高士圖》、王蒙《葛稚川移居圖》等，初看為山水畫，人物僅處於從屬位置，實際上卻具有點題作用，其中包含了“舉案齊眉”、“羅浮問道”的典故，給畫面增添了更深層次的意蘊。

藝術史家貢布里希（Sir E. H. Gombrich）曾指出：“藝師們總愛修改既有母題，而不創新腔”，因為“修改、豐富或簡化一個既有的複雜之型構，往往比憑空造一個更容易”，也更易被人們接受。繪畫如是，工藝品的裝飾亦不例外，只是在程式化、固定化傾向上走得更遠，“用典”的認知阻隔被減小到最低程度，而“不立文字”、“直指人心”的藝術效果則最大限度地得以發揮。這一特點，從竹雕裝飾中常見的“竹林七賢”、“會昌九老”，陶瓷裝飾中常見的“虎溪三笑”，以及“八仙”、“三星”、“瑤池”等題材上即可見一斑。而此類裝飾大多帶有民間樂於接受的吉祥寓義，也為工藝美術的性質所決定。

中國的歷史與敘事題材美術創作雖有綿長的傳統，但再現真實場景且具備宏大格局的作品卻極為少見。其原因十分複雜，但不容忽視的是，文人畫重視性靈書法和人格隱喻而忽視繪畫的寫實性和技巧性，造成了寫意山水、花鳥畫科的發達，歷史題材則受限較多，因此也就很難出現西方在文藝復興後將歷史畫奉為正統的情況，更難以產生專門闡述圖像多層次內涵的“圖像學”了。這也只能歸結為不同文化傳統所致。

說到這裏，必須指出的是，構成一件藝術作品的因素有很多層次，題材的選擇不過是其中之一，了解繪畫或工藝裝飾背後的歷史故事或傳說，只是讓我們站到了欣賞及品鑒藝術品的起點而已。

最後，還要說明一點，從文學角度而言，我們上面談的“用典”只局限於“用事”，其實還應包括“用辭”，也就是借用現成辭句。如果用個不太恰當的比喻的話，這或與古代繪畫中講究的傳統筆墨庶幾近之，所謂“無一筆無來歷”與“無一語無來歷”不是如出一轍的表述麼？不過，這已經不是本文所能論及的範圍了。

＊文題出自鄭燮《題高鳳翰寒林鴉陣圖》

劉　岳

2018 年元月於北京

歷史故事

1 許由洗耳

任頤《洗耳圖軸》

本圖為晚清海派畫家任頤所繪，表現的是巢父與許由對話的場景。

在上古時代，有位賢人叫許由，他品格端方，淡泊名利，贏得了帝堯的尊重，不僅多次向他請教處世為君之道，甚至想要把首領之位禪讓給他。許由不但不接受，而且逃到潁水之濱的箕山腳下隱居起來。後來，堯又想委任他做九州長，結果不等傳達的人說完，許由就忙不迭地跑到潁水邊去洗耳朵，表示不願意讓這種世俗的聲音污濁了自己的清聽。此時，他的隱士朋友巢父正好牽牛經過，聞聽此事後，語帶譏誚地說："你如果一直居於深山，不與世人交往，又有誰會來打擾你呢？現在你這樣做，只是故作清高，沽名釣譽罷了，我還怕這水被你污染，牛喝了會害病呢！"說完便牽着牛到上游飲水去了。

巢父的話揭示了隱士的悖論：真正的隱士注定無名，早已湮滅在歷史中，留下名字的"隱士"大多只是虛構或表演給世人看的。至於那些宣揚隱逸精神的士人，多是將其

視為處世策略，他們嚮往的還是"道隱則隱，道顯則顯"的瀟灑境界。

許由洗耳的故事能夠被後世所傳誦，關鍵在於它反映了文人對政治的複雜情感——既希望得到權力的眷顧，又不願意放棄獨立的人格。同時，還表明了一種姿態，即使是被儒家看作黃金時代的堯舜治世，也不能羈絆文人高潔的心靈，更遑論其他時代了。因此，"許由洗耳"為各種藝術作品廣泛引用，雖然表現手法各有不同，但都着重以"洗耳"表明文人的高潔和自愛。

2 大禹治水

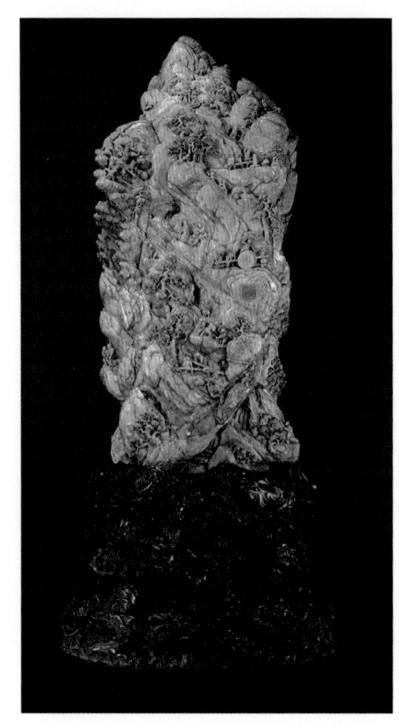

大禹治水圖玉山

這是清代乾隆時期的玉雕，用重達萬斤的新疆和田玉料，費時十年，耗銀萬兩雕琢而成，所表現的正是大禹率百姓開山疏浚的情景。

相傳上古時，黃河流域發生了很大的水災，隨之而來的還有猛獸肆虐，瘟疫流行，民不聊生，當時的部落聯盟首領堯就派遣鯀負責治水。鯀花了九年時間治水，使用了從天帝那兒得到的寶物“息壤”，但因為他只採用堵塞的辦法，不但沒有把洪水制服，水災反而鬧得更凶了。這時，舜接替堯擔當了部落聯盟首領，經過親自考察，發現鯀辦事不力，就把鯀殺了。傳說鯀死後，他的兒子禹就從他腹中生出，並接替了他治水的職責。禹改變策略，用疏導的辦法，開渠排水浚通河道，把洪水引到大海中去。他和老百姓一起勞動，到處奔波，三次經過自己的家門都沒有進去。

據傳，當大禹來到河南洛陽時，發現有座高山，一直延續到中嶽嵩山，猶如一座天然屏障，擋住了水流的去路。禹決定集中人力，在群山中開道。在艱辛的勞動中，禹始

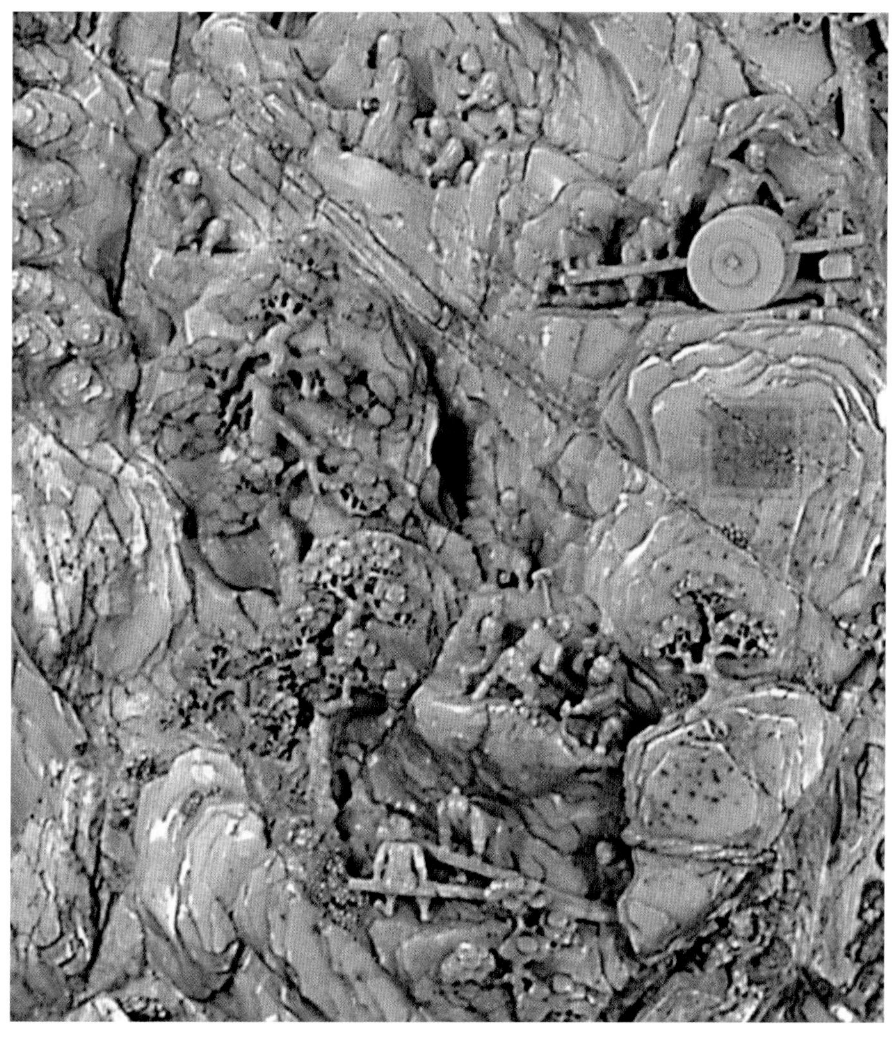

終身先士卒，臉曬黑了，人累瘦了，甚至連小腿上的汗毛都磨光了，腳指甲也因長期泡在水裏而脫落。在他的帶動下，山道打開，洪水傾瀉，江河從此暢通。經過十三年的努力，治水終於取得了成功，人們又可以安居樂業了。禹也獲得了崇高的威望，人們尊稱他為大禹，舜也把首領位置禪讓給了他。

大禹治水的功績為歷代所傳頌，中國各地都有關於他的遺跡和軼聞。在造型藝術中，大禹治水也是常見的表現題材，早在漢代畫像石上，就可以看到禹的形象。

3 伯夷叔齊

李唐《採薇圖卷》

「南宋四家」之首李唐所繪《採薇圖》為表現伯夷、叔齊畫作中的佼佼者。畫中二人芒鞋粗服，鬚髮毵然，面含激憤。

相傳伯夷、叔齊是商朝末年孤竹國國君的兩個兒子。父親去世後，兄弟倆互相謙讓國君之位，最終竟雙雙躲出國，過起了隱士的生活。他們聽說西伯姬昌是有道德的人，於是就長途跋涉到周的都邑岐山。此時文王已死，武王姬發即位，正準備起兵討伐殘暴的商紂王。伯夷、叔齊趕到大軍的前面，攔住武王的馬質問道：“父親死了不守喪，卻發動戰爭，這能稱做孝嗎？身為臣子卻要弒殺君主，這能稱做忠嗎？”周圍的人要殺他們，卻被姜子牙制止了。後來，武王滅商，建立了周朝。伯夷、叔齊非常氣憤，逃進首陽山中，發誓不吃周朝的糧食，只以野菜為食。很多人不理解他們的行為，有個山裏的婦人故意問他們：“天下都歸周朝所有，你們採食的這些野菜不也是一樣的嗎？”兄弟倆無言以對，於是就連野菜也不吃了。到了第七天的時候，他們共同吟唱了一首歌：“登彼西山兮，採其薇矣。以暴易暴兮，不知其非矣。神農虞夏，忽焉沒兮。吾適安歸

矣。于嗟徂兮，命之衰矣。”最後竟雙雙餓死在首陽山。

伯夷、叔齊的故事大約經過儒家的改造，成為儒家所宣揚的忠、孝、禮、義等價值的生動註解。他們的讓國和不食周粟，已經成了後世不可企及的典範，而餓死首陽山更被看作不折不扣的殉道行為，連孔子都讚美他們是“古之賢人”。

4 周公輔成

馬和之《小雅鹿鳴之什圖卷》（局部）

此圖為南宋畫家馬和之據《詩經・小雅》詩意所繪，其中《棠棣》一段，表現的正是周公與兄弟觀看道旁的棠棣之花的場景，寓示了家庭倫常之情的重要意義。

周公，姬姓，名旦，是周文王姬昌第四子，武王姬發的同母弟，因其封地在周（今陝西岐山北），故稱周公或周公旦。

周朝建立後第三年，武王逝世，其子誦即位，為成王，但他年紀尚小，所以由周公攝政。商紂王之子武庚以為有機可乘，就與負責監視他的武王另外三個弟弟管叔、蔡叔和霍叔散佈流言，稱周公預謀篡奪王位，果然引起成王及其他王公親族的猜忌。不久，武庚聯合奄、蒲姑及徐夷、淮夷等東夷部落發動叛亂。周公親率部隊征討，經過三年的作戰，終於斬殺武庚，攻滅奄等國，廢黜管、蔡、霍三叔，俘虜了大批"殷頑民"（即商朝貴族），鞏固了周王朝的統治。

叛亂雖然平定，成王卻依然心存疑慮。直到他偶然打開盛裝祈禱簡冊的銅匣，發現周公願代武王而死的禱文，不禁大受感動，放棄了成見，親自郊迎周公，叔姪冰釋前嫌。

東征勝利後，鑒於都城鎬京（今西安）離東方較遠，周公便令"殷頑民"遷居洛邑（今洛陽），在那裏營建新城"成周"，並在成周之西 30 里築王城，派軍隊駐紮監視。又封幼弟康叔為衛君，駐守故商地。封兒子伯禽掌奄地為魯侯，太公呂尚為齊侯，滅掉蒲姑，消除了商人叛亂的條件。

周公、成王繼續武王時開始的分封制度，把兄弟 15 人、同姓 40 人、功臣 16 人，封做大小諸侯，起到屏障王室的作用。同時在封國內推行井田制，加強了周王朝的經濟基礎。他還創造性地設計出一套禮樂制度，明確了血緣宗法與等級關係，加強了中央政權的統治力，成為後代制度設計的典範，被稱為“周禮”或“周公之典”。周公在攝政的第七年，還政於成王。周公死後，成王將周天子才能享用的禮樂等級賜予魯國，來表達緬懷之意。

周公不但是傑出的政治家，還被後來的儒家看作聖人，他的行為與思想都被描繪成完美的典範，《周禮》也被奉為經典，產生了深遠的影響。

5 高山流水

王振朋《伯牙鼓琴圖卷》

本圖為元代宮廷畫家王振朋所繪，略去背景的畫面雖然沒有高山流水，卻留給觀者更為豐富的想像空間，體現出畫家在人物刻畫與情節烘托上的匠心。

黃楊木雕知音圖筆筒

此器為清中期所製，外壁淺浮雕俞伯牙與鍾子期的知音故事，運刀如筆，緣畫入雕，立體感極強。

春秋時期，楚國有一位著名的琴師，名叫俞伯牙，常常慨歎沒人欣賞自己的音樂。有一年的中秋，俞伯牙乘船行經漢陽江口，面對美景，他泊船撫琴。正當他沉浸於琴聲之中時，琴弦忽然綳斷一根。伯牙悚然一驚，但馬上轉為狂喜，心知必有知音者就在左近。果然，岸邊站着一位樵夫，正凝神靜聽。伯牙連忙將他請上船來，樵夫自稱姓鍾名子期，只是粗通音律，被優美的琴聲所吸引。伯牙略感失望，但還是熱情地請他鑒賞自己的琴藝，即興彈了一曲《高山》，子期邊聽邊讚歎道：“雄偉而莊重，好像巍峨的高山啊！”伯牙接着彈了一曲《流水》，子期又稱讚到“寬廣浩蕩，好像浩蕩的江水啊！”伯牙不禁驚喜萬分，激動地說：“沒想到在這裏遇到了我的知音。”兩人越談越投機，最後結拜為生死之交，並約定來年此時還在此地相會。

第二年中秋，伯牙如約來到了漢陽江口，可是怎麼也不見子期前來赴約。他焦急萬分，一路打聽，後來從一位老人那裏知道，子期已染病去世，臨終前留下遺言，要把墳墓修在江邊，到八月十五時，好繼續聽伯牙的琴聲。伯牙心中悲痛，在子期墳前，再一次彈起《高山》、《流水》。一曲終了，悲情不可斷絕，揮手將心愛的瑤琴摔了個粉碎，從此不再彈琴。

這個故事最早見於《呂氏春秋》，二人的友誼感動了無數後人，傳說在他們相遇的地方，人們築起一座古琴台。直至今天，人們依然用"知音"來形容朋友之間的默契與情誼。而"高山流水"的知音故事更是屢見於各種藝術品中。

宜情并理性寄
託在瑟琴為問
知音侶鍾俞冠
古今

6 寧戚飯牛

張路《寧戚飯牛圖軸》

此畫是明代浙派畫家張路作品，寧戚為老者形象，背景作荒山古樹，曠原寒溪。表達出作者自身的生活體驗以及世俗化的創作追求。

寧戚是春秋時期衛國人，身懷經世濟民之才，卻苦於衛國弱小，沒有實現抱負的機會。而此時的大國齊國，正在齊桓公和管仲的治理下躍升為諸侯國的霸主。他聽說齊桓公禮賢下士，就決定投奔齊國。可他趕到齊都臨淄後，卻引薦無門，根本見不到桓公的面，更別提展示自己的才能了。寧戚沒有辦法，只能靠做些小買賣度日。一晚，他夜宿臨淄東門外，一邊餵牛一邊在牛角上敲打着節拍，唱起歌來，歌曲包含着理想不能實現的惆悵，於靜夜裏分外悲愴感人。恰巧，齊桓公從此處經過，被歌聲吸引，不禁停車細聽，並且很快發現歌者絕非庸常之輩。桓公馬上命身邊的人將寧戚叫來，兩人一番交談，更使桓公感覺相見恨晚。回去後，齊桓公與相國管仲商量，決定擢用寧戚，拜寧戚為大夫。管仲認為他是有才能的農業專家，所以建議寧戚出任主管農業的大司田。由此，寧戚開始負責齊國的農牧業，他根據個人經驗，寫出《相牛經》一卷，為中國最早畜牧學專著，促進了齊國的畜牧業的發展。

寧戚飯牛的典故出自《呂氏春秋》，常被後世用作賢才落魄的比喻，或是對求賢若渴的明君的呼喚。像屈原的《離騷》裏就有：“寧戚之謳歌兮，齊桓聞以該輔”的句子，表示出對寧戚幸運遇合的羨慕。

平山

7 負羈獻璧

顧愷之《列女圖卷》（宋摹本）局部

此圖為東晉畫家顧愷之所作《列女圖卷》的一部分，表現的是僖負羈聽從妻子勸告，準備將食盤和玉璧贈與重耳的情景。

春秋時期，周王室日益衰落，各諸侯國之間以大兼小、以強凌弱的爭霸戰爭接連不斷，據史書記載，先後有五位諸侯成為公認的霸主，他們是指齊桓公、晉文公、秦穆公、宋襄公和楚莊王。在"春秋五霸"之中，獲得讚譽最多、人生經歷最為曲折的當屬晉文公。

晉文公（前 697—前 628），姬姓，名重耳，在做公子時就顯露出不俗的才能和優秀的品質，可惜他的父親晉獻公寵倖一位戎族女子驪姬，想要立她的兒子為儲君，這造成了後來晉國的爭位之亂。為躲避內亂，公元前 655 年，重耳帶領狐偃、趙衰、魏犨、介子推等一批賢士逃到母親的故國狄，開始了自己十九年的流亡生涯。

重耳在狄國一住十二年，隨後又輾轉衛、齊、宋、曹、鄭、楚、秦等國，其間既得到過齊、楚的盛情款待，也遭受了不少國君的冷遇，甚至在衛國的五鹿（今河南濮陽東南）因沒有口糧而向田邊的莊稼人討飯。

不過，最令重耳感到屈辱的還是他在曹國的遭遇。當重耳一行到達曹國時，曹國的國君曹共公原本不想收留，但聽說重耳天生肋骨連成一片，有聖人的"駢脅"之相，非常好奇，就安排重耳住下。荒唐的是，他竟然趁重耳洗澡時，

透過門縫偷窺。這事讓重耳知道了，十分痛恨曹共公的輕薄無禮，但又沒有辦法。曹國的朝臣也不都是糊塗之人，大夫僖負羈就對國君的作法很不贊同。他有一位聰慧而賢德的妻子，建議他說："我看晉公子的隨從個個都是將相之才，重耳在他們輔佐下，一定能重返晉國登上王位；即位之後，他必然會誅伐那些曾對他無禮的國家，曹國首當其衝。你為甚麼不趁現在結交重耳呢？" 僖負羈聽從了妻子的建議，派人給重耳贈送食物，還在餐具下面藏了一枚玉璧。重耳收到後，只留下了食物，卻將寶玉退回，表明自己接受僖負羈的好意，但並不貪戀他人的財富。這就是"負羈獻璧"的故事。

後來，重耳在秦國的幫助下，返回晉國，即位為晉文公。晉文公五年，晉國果然攻打曹國，俘虜了曹共公。念及僖負羈當年的禮遇，文公下令軍隊不得侵擾其封邑、家人和居所，在此避亂的百姓也得以保全。這讓人不得不佩服僖負羈及其妻子當年的睿智與識人之明。

8 叔敖斬蛇

顧愷之《列女圖卷》（宋摹本）局部
此圖為東晉畫家顧愷之所作《列女圖卷》的一部分，表現的正是叔敖之母稱讚並寬慰孫叔敖的情節。

孫叔敖（約前630—前593），是春秋時楚國期思（今河南固始）人。芈姓，蒍氏，名敖，字叔敖，楚莊王時曾官拜令尹（宰相），是楚國的一代名臣。他為政期間，重視民生，主持興建了期思陂、芍陂、雲夢澤等水利工程，不僅促進了楚國的農業生產，還為後來的水利建設奠定了基礎。在軍事上，他協助楚莊王大敗晉軍於邲，奠定了楚國的霸權。更為難能可貴的是，孫叔敖為官多年，家中卻沒有積蓄，臨終時，連棺槨也沒有。他的妻子過着"披褐負薪"的貧困生活。楚莊王得知後，深受感動，"乃召孫叔敖子，封之寢丘四百戶，以平其祀"。司馬遷《史記》中，將孫叔敖記為"循吏"第一。後人為紀念他，興建了孫公祠、衣冠塚和楚相孫公廟。並刻碑文，以記其事。

孫叔敖的高尚品德在他還是個孩子時已經顯露出來。據說有一次，他出外遊玩回家，愁悶得不思飲食。母親問他是甚麼原因，他哭着說："今天我看到一條兩頭蛇，聽說誰見了這種怪物誰就會死，我恐怕也快死了。"母親問他："那條蛇現在在哪兒？"孫叔敖說："我把牠殺死埋了，這樣牠就不會去害別的人了。"母親聽後，非常欣慰地撫着他說："孩子，別發愁了，據我所知，捨己為人的人，上天是會報答他的。"

後來，叔敖斬蛇傳為美談，孫叔敖的母親深明大義，也成為家教的典範，被代代傳頌。時至今日，湖北荊州仍有"蛇入山"的地名，傳說就是孫叔敖當年斬埋雙頭蛇的地方。

叔敖母
楚孫叔敖
叔敖之母深知天道叔敖見蛇兩頭歧首
既埋而泣母曰陰德必壽獲祿終相楚國

9 延陵掛劍

張宏《延陵掛劍圖軸》

此圖為明代吳門畫家張宏所繪，取全景式構圖，徐君墓隱於松柏之後，季札躬身而拜，寶劍掛於樹枝之上。

據傳，商代末年，西周先祖古公亶父之長子太伯、次子仲雍帶領部分周人來到江南的太湖地區，與當地土著共同創建了"勾吳"，也就是吳國。王位傳至十八世，國君名壽夢。從壽夢元年（前 585 年）開始，吳國有了確切記年。

壽夢有四個兒子，最有才能的是小兒子季札，壽夢有意傳位給他，但季札不肯接受，堅持讓位於大哥諸樊。諸樊在過世之前，指定將王位依次傳給幾個弟弟，這樣最終就能傳到幼弟季札手裏，從而實現父親的遺願。當三弟夷昧臨終時，要季札擔任吳王，季札再一次拒絕，把王位讓給了夷昧的兒子州于（吳王僚）。

季札不但深明大義，品德高尚，還具有深厚的文化修養。要知道，當時的吳國在文化上還相當落後，中原諸國常常將其看作蠻夷之邦。而季札在公元前 544 年奉命出使魯、齊、鄭、衛、晉等國，卻在一定程度上改善了這種情況。特別是在魯國，季札觀禮周樂，他以敏銳的感受力和卓絕的見解，對樂舞進行點評，透析了禮樂之教的深遠意蘊，以及周與各諸侯國的盛衰之勢，闡發了以德治國的理念，語驚四座，使自命"禮儀之邦"、"周公之後"的魯人為之側目。

在到達魯國之前，季札曾行至徐國，拜望徐國國君。徐君看到季札的佩劍，非常喜歡。因為當時吳國鑄造的青銅劍馳名列國，得到的人都視為珍寶。徐君有心索取，又不便開口。季札明白他的心意，有心相贈，但佩劍出使是一種禮儀，所以也沒有說破。當季札完成使命後，特意又來到徐國，意欲贈送寶劍，可惜徐君已逝。季札便解下寶劍，掛在徐君墓前的樹上，然後才離開。隨從問他："徐君已死，那寶劍是交給誰呢？"季札鄭重地說："不能這麼說。當初我已經看出徐君的心意，也在心裏答應了他，現在我怎能違背自己當初的許諾！"因為季札的封地在延陵，他被稱為"延陵季子"，所以這個典故被稱為"延陵掛劍"或"徐墓掛劍"。時人作《徐人歌》來歌頌他："延陵季子不忘故，脫千金之劍兮帶丘墓。"

通過讓國、觀樂、掛劍等一系列事跡，季札成為彬彬君子的典型，被稱作與孔子齊名的"聖人"，司馬遷稱讚他"見微而知清濁"。其思想作為儒家學說的先驅，也早已融入到中華民族的精神財富之中。

10 范蠡西施

吳彬《柳溪釣艇圖扇》
此圖為明代浙派畫家吳彬作品，表現的正是范蠡與西施泛舟隱居的典故，背景所點綴的一對鴛鴦，更是點明了主題。

春秋末年，太湖沿岸的吳國和越國時盟時戰，一直在爭奪這個地區的主導權。前494年，吳、越爆發夫椒之戰，吳國大獲全勝，越王勾踐僅剩五千人，被困在會稽山。生死存亡之際，勾踐採納大夫范蠡的建議，向吳國稱臣求和，勾踐夫婦在范蠡陪同下，入吳為質，屈身為奴。君臣三人忍辱負重，度過了三年屈辱而凶險的俘虜生涯，終於解除了吳王的戒備，全身而退。

平安回國的越王勾踐，一面臥薪嘗膽，積蓄力量，一面採納范蠡和文種制定的伐吳"九術"，採取種種手段削弱吳國國力，最重要的一計是利用夫差好色的性格弱點，進獻美女，令其荒怠。為此，范蠡親自尋訪，在諸暨苧蘿村找到一位絕色的浣紗女——西施。她天生麗質，連溪中魚兒都因其美而忘記搖尾動鰭，沉入水底，遂有"沉魚"之譽；她心口疼痛時皺眉撫胸之態亦是我見猶憐，惹得東村醜女仿效，留下了"東施效顰"的笑談。夫差對西施一見傾心，為了討好她，築姑蘇台，建春宵宮、館娃閣、靈館、響屧廊，日日沉湎其中，不知危機已然迫近。

前 482 年，夫差與魯哀公、晉定公等在黃池會盟，做着稱霸的美夢，勾踐趁機率軍攻進了吳國國都姑蘇。吳國被迫乞和，越國退兵。前 475 年，勾踐再度伐吳，吳都被圍兩年，夫差自殺，吳國終被越國所滅。

不過，故事還沒有完。

功臣范蠡不辭而別，悄然隱退，據說他輾轉來到齊國，改名"鴟夷子皮"，不幾年就積蓄了千萬家產。他仗義疏財，造福鄉梓，被齊王賞識，拜為相國。過了三年，他再次急流勇退，歸還相印，散盡家財，遷居至陶，憑藉商業才能，不久又成巨富，自號"陶朱公"。世人認為他"忠以為國，智以保身，商以致富"，是傳統處世智慧的典範，成為後世商人的鼻祖，有些地方還把他尊奉為財神。

另一位功臣文種，雖然收到了范蠡的提醒："越王其人，可與共患難不可共富貴，此時不去，為禍不遠！"卻並未在意。結果被誣蓄謀叛亂，自殺身亡。而那位西施呢？有人說她死於戰亂，有人說她被勾踐妻派人沉湖，後人卻同情她，在很多藝術作品中，讓她與范蠡結伴乘扁舟，過自由自在的日子去了。

11 臨潼鬥寶

五彩臨潼鬥寶圖盤

此盤為康熙五彩中的上品，畫面表現正是伍子胥單手舉鼎的情景，線條流暢，色彩鮮明。

臨潼鬥寶的故事不見於史籍記載，而只是出現在元代雜劇中。據傳，春秋時期，秦穆公邀請十七國諸侯齊聚臨潼，以比賽傳國之寶為名，意圖一舉消滅各國諸侯，獨霸天下。吳國大臣伍子胥識破陰謀，在大會之上單手舉鼎，憑藉個人的勇武懾服秦穆公，使其如意算盤未能得逞。

伍子胥本名員，字子胥，楚國人，父伍奢曾任楚國大夫，前 522 年，楚平王聽信讒言，殺死了伍子胥的父親和兄長。伍子胥逃往吳國，發誓報仇。在戲曲《文昭關》中，他因為處境危險，心急如焚而一夜白頭的情節，也是為人所熟知的傳說。到吳國以後，他幫助吳王闔閭奪取王位，吳國日益強盛。從吳王闔閭三年（前 512）起，他多次率吳軍伐楚，屢戰屢勝，最後一舉攻破楚國都城郢，終於報了家仇。此後，吳國又相繼打敗越國與齊國，成為南方地區的霸主，伍子胥也成了功勳之臣。闔閭死後，夫差即位，認為伍子胥功高蓋主，藉機將其賜死。

吳越一帶百姓崇敬伍子胥的忠勇，演繹出許多關於他的傳說，甚至把他附會為錢塘江神，認為錢塘江每年一次的大潮，就是伍子胥在抒發胸中的鬱勃之氣。“臨潼鬥寶”的故事也是這些傳說中的一個。及至明清時期，凡事講究吉祥寓義，這個典故慢慢演化為一種“炫富”寓意，表達了人們對富貴的嚮往。如《紅樓夢》第七五回就有：“天天宰豬割羊，屠鵝殺鴨，好似臨潼鬥寶的一般”，正是帶有這種含義的用法。

12 子路問津

吳偉《子路問津圖卷》

此圖為明代浙派畫家吳偉所繪，畫家在金箋上運用白描法，衣紋取李公麟的蘭葉描，又融入顧愷之的遊絲描，工細流暢而又圓轉連綿。

魯哀公六年（前 489）的一天，孔子師徒駕車自陳國前往楚地負函，打算面見葉公沈諸梁，繼續他們周遊各地宣揚"仁愛"、"德政"學說的用世之旅。忽然，一條河流擋住了去路，孔子在車上長身而起，四下瞭望，卻找不到渡口，只見到不遠處的田間有兩個農夫在耕作，就叫弟子子路去打聽渡口的所在。

子路走到田地邊上，看到兩個農夫高大健壯，容貌不俗，不敢怠慢，趕忙先恭敬地行禮，然後才開口問道："二位先生，請問這附近可有渡口？"

一個農夫瞟了他一眼，反問道："那車上坐着的人是誰？"

"是孔丘。"

"哦？魯國的孔丘？"

"正是。"

"那麼，他應該知道渡口在哪。"

子路有點摸不着頭腦。這時，另一個農夫問道："你又是誰呢？"

"我是子路。"

"是孔丘的學生？"

"是。"

那農夫盯着子路說："現在哪裏都是一樣動盪混濁，誰有本事能改變現狀？你與其跟着孔丘那樣的人跑來跑去，就為了得到個小官實踐自己不切實際的治世幻想，還不如像我們這樣不問世事來得安逸自在。"

說罷，兩人又繼續幹起活來。

子路沒問到渡口的位置，反而被教訓了一頓，但他知道面前的兩個農夫都是隱居的高人，所以還是一面恭敬地稱謝，一面退開。

他回到孔子車前，將剛才的對話重複了一遍。孔子凝思半晌，歎息着說："他們說的未嘗沒有道理啊，但人應該有社會責任感，怎能為了一己的安逸，就隱居山林，終日與鳥獸為伍，而置蒼生於不顧呢？如果天下太平了的話，那也用不着我孔丘四處奔波了。"

子路問津之事見於《論語》、《史記》等史籍，二位隱者被稱作長沮、桀溺，但這並非名字，長、桀均有高大之意，而沮、溺則因二人在水邊勞作，故稱。這兩個稱呼也就相當於今天的某甲、某乙。二位隱者雖不可考，但由於故事充滿了戲劇性，描繪了當時精神領域入世與出世傾向的正面交鋒，很好地凸現出儒家思想的內涵，所以得到後人的重視和紀念。

至於子路問津的具體地點，歷來說法不一。有的說在河南新蔡城南的關津，那裏至今尚留有"問津處"三字古碑；又有說在南陽市方城縣一帶；還有羅山縣、柘城縣、葉縣等處，都有與問津有關的傳說。

13 濠梁之辯

五彩山水人物圖缸

此康熙五彩缸，畫面表現莊、惠二人於橋上觀魚的場景，另一面用詩句點「濠梁」之題，構圖完整，意境清新，不遜名家筆墨。

在《莊子 · 秋水》篇中，記載了一個小故事：

有一天，莊子和他的朋友惠施一同到濠水的橋上遊玩，看到水中的一群白魚游了過來，莊子說："你看，白魚多麼悠閒自在，這就是魚的快樂呀。" 惠施不以為然："你不是魚，怎麼會知道魚的快樂呢？" 莊子立刻反問："你不是我，怎麼知道我不知道魚的快樂呢？" 惠施說："我不是你，固然不知道你的想法；但你不是魚，不知道魚的快樂，也是可以肯定的。" 莊子從容地回答："讓我們把話題返回到原點吧。既然你問我：'你怎麼知道魚的快樂？' 說明你已經承認我是可能知道魚的快樂的，只是進一步問我是從哪裏知道的，現在我告訴你，我是在濠水的橋上知道的啊。"

這段論辯就是中國古代思想史上著名的"濠梁之辯"。據後人考證，"濠梁" 位於淮南鍾離郡，在今天的安徽省鳳陽臨淮關附近，這裏有莊子墓、濠梁觀魚台等遺跡。

通觀《莊子》一書，莊周與惠施進行過多次辯論，卻沒有哪次像"濠梁之辯" 那樣聚訟紛紜、見仁見智，產生如此廣泛而深遠的影響。究其原因，這次辯論從細微的"魚樂" 問題展開，經過充滿機鋒的問答，指向了人類普遍性的思維方式議題。後世的學者一般認為惠施是從邏輯學角度出發，根據"異類不比" 的原則，指出莊子與"魚" 不同類，

不可能理解“魚”的感受。但在論辯中，他卻不自覺地陷入了一個悖論：他承認自己不是莊子，不知道莊子的心理活動，但莊子是否知道“魚之樂”恰好屬於莊子的所思所想，惠施又憑甚麼否定這一點呢？而莊子則是從審美的角度“移情”於水中之魚，他所說的“知”是美的觀照中的直觀、洞察，與惠施所追求的論理、分析之“知”處於不同層面，因此他要求論辯回到原點，不再沿着理性思辨之路繼續下去。在莊子的思想體系中，“道通為一”、“人與物齊”，莊子與魚並無隔閡。他也時常以魚來作為寓言的主體，如用“魚相忘於江湖”譬喻“人相忘於道術”。如果面對惠施的詰難，莊子一開始就將自己的形象思維方式解釋清楚：“我是在欣賞大自然的和諧，讚歎魚的優遊自得，並非要理性地探討魚的憂樂。”或許這場趣味橫生的論辯就不會發生了。

拋開“濠梁之辯”的哲學內涵，這個故事裏還流露出對“魚樂”境界的肯定與嚮往，後世將它與莊子垂釣於濮水之上的典故合併概括為“濠濮間想”一語，以象徵縱情適意、逍遙山林、追求精神自由的人生理想，這也成為歷代藝術創作中的一個重要的母題。

14 狡兔三窟

錢穀《還史神交故事圖冊》第二開
此圖為明代吳門畫家錢穀作品，表現的是馮諼擊鋏而歌的情景。筆墨嚴謹，設色雅致，人物神態、身份交代清晰。

春秋戰國之際，各諸侯國為了相互競爭，竭力網羅人才，養"士"成了上層貴族競相標榜的一種風氣。以此著稱的有齊國的孟嘗君、趙國的平原君、魏國的信陵君和楚國的春申君，史稱"戰國四公子"。

齊國有個叫馮諼的人，家境貧窮，便投靠到孟嘗君的門下，孟嘗君問："先生有甚麼愛好？""沒有。"又問："有甚麼本事？""也沒有。"孟嘗君笑了笑，雖然收留了他，但只安排了下等門客的待遇。過了幾天，馮諼彈着他的劍，唱道："長劍啊！我們回去吧！吃飯沒有魚。"孟嘗君知道了，就給馮諼以中等門客的供養。不久，馮諼又彈着劍唱："長劍啊！我們回去吧！出門沒有車。"有人告訴了孟嘗君，孟嘗君便將他的待遇提升為上等門客。可沒過幾天，馮諼又彈着劍唱道："長劍啊！我們回去吧！沒有辦法養活家。"大家都很厭煩這個貪得無厭的人。孟嘗君聽說了，卻派人供應他家的日用開銷，馮諼便不再唱歌了。

過了一段時間，孟嘗君要找人去自己的封地薛邑收債，馮諼自告奮勇前往，孟嘗君很是高興。臨行前，馮諼問孟嘗君，收上來的錢要買些甚麼東西？孟嘗君說："你看我家裏缺甚麼就買甚麼好了。"

馮諼到了薛地，召集那些應當還債的人來核對債券，然後假傳孟嘗君的命令，把所有債券統統燒掉，百姓都高呼"萬歲"。馮諼回去覆命，對孟嘗君說："我看您府上應有盡有，就只為您買了'仁義'回來。"孟嘗君了解了事情的經過，非常生氣，但又無可奈何。馮諼的所作所為，也成為其他門客的笑柄。

一年以後，齊王聽信讒言剝奪了孟嘗君的宰相職位，孟嘗君只好回到自己的封地。離薛邑還有差不多一百里時，百姓們已經扶老攜幼，在路旁迎接了。孟嘗君恍然大悟，回頭對馮諼說："先生為我買的'義'，我終於看到了。"馮諼卻說："狡猾的兔子要挖掘三個洞穴，才能保住性命，現在您只有這一處封地，還不足以放下憂慮。讓我為您再找兩處安全的屏障吧。"後來，馮諼到魏國去遊說魏王："齊王放逐了孟嘗君，諸侯誰先得到他，誰就國富兵強。"魏王馬上派遣使臣，攜帶厚禮，去迎接孟嘗君。孟嘗君堅決推辭。這樣反覆了三次。齊王聽說後，十分害怕，便向孟嘗君道歉，並恢復了他的相位。馮諼對孟嘗君說："這還不夠，您要把先王祭祀用的禮器拿到手，在薛邑建立宗廟。"宗廟建成後，馮諼才說："三個保全自己的條件都已達成，您可以安穩地過日子了。"當時人認為孟嘗君為相數十年，沒有大的災禍，都是有賴馮諼"狡兔三窟"的謀劃。

15 一鳴驚人

吳歷《人物故事圖冊》第五開

此圖為清代畫家吳歷所繪，描繪齊威王聚會飲宴的場景，人物神態頗為傳神，設色工麗，筆法細緻。

戰國時候的齊國，齊威王（前 356—前 320 年在位）當政之初，不思進取，耽溺逸樂，常常徹夜飲酒狂歡。其他諸侯都開始侵佔齊國的土地，大臣們看在眼裏憂在心中，卻誰也沒有辦法諫止。於是，大家想到了客卿淳于髡（約前 386—前 310）。淳于髡其貌不揚，但機智幽默，能言善辯，尤其是他了解齊王的癖好，往往能夠事半功倍地解決問題。這一次，淳于髡針對齊王好說隱語打啞謎的特點，藉機對齊王說："大王，我聽說某國有鳥，停於王庭，三年不飛又不鳴，不知這是甚麼鳥呢？"齊威王是聰明人，很快明白了其中的意思，也以隱語回答說："此鳥不飛則已，一飛沖天；不鳴則已，一鳴驚人。"淳于髡聽了便笑着說："多謝大王英明的指點。如今大臣們正等着大鳥一飛沖天，一鳴驚人呢。"

從此，齊威王不再沉迷於飲酒作樂，開始整頓國家。全國上下，很快就振作起來，到處充滿蓬勃的朝氣。各國聽到這個消息以後都很震驚，不但不敢再來侵犯，甚至還把原先侵佔的土地，都歸還給齊國。此後，淳于髡多次用隱語的方式諷諫齊王，取得了很好的效果。

淳于髡是一位戰國時期"士"階層的代表，絕非後世的"賢臣"概念所能涵蓋。司馬遷對這類有弄臣色彩但又兼具超人智慧和責任感的人物頗有好感，在《史記》中特設《滑稽列傳》來記錄他們的言行，而淳于髡被列在了首位。

16 完璧歸趙

吳歷《人物故事圖冊》第六開
此圖為清代畫家吳歷所繪，畫面描繪藺相如持璧立於柱旁，秦王離座，以手指城邑地圖的場景。

戰國後期，秦國虎踞關中，覬覦中原；位於中原腹地的趙國也逐漸崛起，成為可與秦國相抗衡的大國。秦趙之間的和戰攻守，是當時外交關係中的主旋律。

趙惠文王十六年（前 283），趙王得到了一塊著名的寶玉——和氏璧，秦昭王聽說了，就表示願意用十五座城來交換。這顯然是一次外交試探，趙國如果處理不善，很有可能會引發戰爭。就在趙王舉棋不定之時，主管宦官內侍的頭目繆賢推薦了自己的門客藺相如。藺相如對趙王說："秦國請求用城換璧，趙國如不答應，是趙國理虧；趙國交出玉璧而秦國不給城邑，是秦國理虧。權衡兩種情況，寧可讓秦國陷入理虧的境地。"趙王遂派遣藺相如為使者，攜帶和氏璧，西行入秦。

秦王拿到玉璧，非常高興，就把它給身邊的妻妾和侍從傳看。藺相如看秦王絕口不提交換城邑之事，便走上前去說："大王，玉璧雖美，卻有個很難發現的小斑點，讓我指給您看。"秦王不虞有他，就把玉璧交還。藺相如手捧

玉璧退後幾步，靠在柱子上，聲色俱厲地說：“趙國人都說：‘秦國貪得無厭，只是假意許諾城邑，想用空話騙取玉璧。’我認為平民百姓間的交往尚且講求誠信，何況是大國之間！為了表示尊重，趙王齋戒五天，還派我恭敬地拜送國書。而大王卻如此傲慢，把玉璧交給姬妾們觀看，這是對我這個趙國使者的羞辱。現在玉璧在我手上，您如果逼我，玉璧將同我的頭一起撞碎在柱子上！”秦王沒料到藺相如這樣果決，便向他道歉，並查看地圖，指明用來交換的十五座城的位置。藺相如已心中有數，便對秦王說：“和氏璧是天下公認的寶物，大王也應像趙王那樣，齋戒五天，並在殿堂上安排九賓大典，以示誠意。”秦王眼見難以搶奪，就答應下來。藺相如利用這段時間，安排隨從藏好玉璧，喬裝改扮，從小路逃回了趙國。

齋戒完成後，秦王安排了交接典禮，藺相如卻對秦王說：“秦國從來沒有一位君主能信守盟約。我實在怕被大王欺騙，所以派人悄悄把玉璧送回了趙國。如果秦國能如約先把十五座城割讓給趙國，那麼趙國絕不敢留下玉璧。至於我欺騙了大王，罪不容誅，任憑大王處置。”秦王和群臣面面相覷。秦王權衡再三，還是完成了大禮，並讓藺相如回國。

藺相如回國後，趙王認為他不辱使命，便拜他為上大夫。而秦國果然沒有把城邑交給趙國，趙國也將玉璧留了下來。這就是“完璧歸趙”的故事。

17 夷門訪監

吳歷《人物故事圖冊》第三開

此圖為清代畫家吳歷所繪，表現侯嬴為了進一步試探信陵君，在市廛中與胡亥高談闊論，讓信陵君執轡等待的場景。

戰國時期，有這樣一些貴族，他們富可敵國，憑藉個人地位與感召力廣攬人才，影響國家政策，成為左右政局的重要力量。這其中以魏國的信陵君魏無忌、趙國的平原君趙勝、齊國的孟嘗君田文、楚國的春申君黃歇最為著名，後人將他們合稱為“戰國四公子”。“夷門訪監”的故事就發生在信陵君身上。

魏無忌（？—前 243）是魏昭王之子，魏安釐王的異母弟，因封邑在信陵，故稱信陵君，他禮賢下士，廣攬才俊，門下有食客三千。當時魏國有個隱士叫侯嬴，七十歲了，一貧如洗，靠擔任都城大梁夷門的守門小吏（監）度日。信陵君聽說他是位賢人，就前去拜訪，還要饋贈厚禮，卻被侯嬴拒絕了。信陵君認為此人確實不俗，決定設筵宴請賓客，把他介紹給大家。信陵君親自帶着車馬隨從，到夷門迎接。侯嬴先是坐到車子左邊的上座，由信陵君執轡馭馬。又說要去見自己的屠戶朋友朱亥，叫信陵君拐到肉市內。他與朱亥旁若無人地高談闊論，信陵君只是站在一邊安靜

地等待。過了很久，侯嬴才告別朱亥，隨信陵君來到宴會上。信陵君把他讓到上座，並且舉杯為他祝壽，侯嬴微笑着還禮說："公子今天親自來接我，我本應表示感激。不過，我卻讓您在大庭廣眾之下執轡等候，一來是為了試探您的誠意，再者也是為了成全您的愛士之名。現在，整個大梁都知道老朽是不識抬舉的小人，而您是謙恭下士的長者啊！"信陵君聽後不住點頭。後來，侯嬴為信陵君獻計"竊符救趙"，不但擊退秦軍挽救了趙國，而且使魏國避免了唇亡齒寒的悲劇。

18 毛遂自薦

吳歷《人物故事圖冊》第一開

此圖為清代畫家吳歷所繪，畫面表現的是楚王與平原君歃血為盟之後，毛遂手捧血盤，招呼眾人上前的情景。

戰國時，秦國伐趙，圍困趙都邯鄲。趙王派平原君趙勝出使楚國，求兵解圍。平原君想從門客中挑選 20 個文武全才一起赴楚，結果只選出了 19 人，這時有個叫做毛遂的門客自我推薦。趙勝對毛遂毫無印象，得知他已在門下三年，卻全無表現。於是婉轉地說："一個有才能的人在世上，就好像錐子裝在口袋裏，錐尖很快就會穿破口袋，人們就能發現他。而你在門下三年卻一直沒有彰顯自己的才能，恐怕難以承擔如此艱巨的使命吧！"毛遂反駁道："我之所以沒有像錐子從口袋裏鑽出，恰在於我沒有獲得這樣的待遇啊，假如早將我這把錐子放進口袋，那麼早就脫穎而出了！"平原君覺得毛遂氣度不凡且言之有理，於是將其列入隨從之中，連夜趕往楚國。

到了楚國，平原君立即向楚王請求出兵救趙。但雙方從早上一直談到中午，楚王總是不置可否。眾門客束手無

策，只見毛遂大步跨上台階，大聲說道：“出兵的事，非利即害，非害即利，為何議而不決？”楚王大怒，問平原君：“此人是誰？”平原君答道：“此人名叫毛遂，乃是我的門客！”楚王喝道：“退下！我和你主人說話，你來幹甚麼？”毛遂大步上前，手按寶劍說到：“大王斥責我，是仗着楚國人多勢眾。但現在我們相距不到十步，人多勢眾沒有用，你的性命握在我手上。”接着毛遂話鋒一轉，盛讚楚國兵多將廣，卻臣服於秦，實在窩囊。毛遂說：“白起，只是一個小角色，卻曾率數萬之眾攻打楚國，一舉奪去鄢、郢兩座城，火燒夷陵，毀壞宗廟，侮辱您的祖先。這是百世難解的怨仇。現在提倡聯合抗秦，其實為的是楚國啊！”一席話說得楚王啞口無言。在毛遂提議之下，楚王和趙勝歃血為盟，出兵救趙，秦國看到楚國救兵來到，於是撤兵，趙國由此解圍。

後來，“毛遂自薦”這個典故演化為成語，比喻不經別人介紹，自我推薦擔任某項工作。

19 博浪飛椎

吳歷《人物故事圖冊》第八開

此圖為清代畫家吳歷所繪，表現的是秦始皇車隊副車被擊中，隨行眾人驚詫莫名的瞬間。

秦始皇統一六國後，多次巡遊東方，意在震懾六國百姓。同時，也有到名山大川尋訪神蹤仙跡，以求長生的願望。前218年的春天，他開始了第三次巡視之旅。車隊行至故韓、魏兩國間一處叫博浪沙的丘嶺地帶時，由於山勢逼仄，荊棘叢生，道路崎嶇，隊伍逐漸散亂。忽然間，只聽一聲暴響，始皇車輦近旁的一輛隨行車被一個巨大的鐵椎擊中。左右武士立即分頭搜尋刺客，但甚麼也找不到。始皇傳檄各地，在全國範圍內嚴加捕求，結果過了十天，刺客仍無影無蹤。

這名刺客便是日後大名鼎鼎的張良（？—前186）。張良的祖父、父親都曾做過韓國的宰相，所以秦滅韓後，張良雖然年紀尚小，卻已立志復仇。他遣散家中三百僮僕，變賣所有財產用來結交英雄好漢。經過悉心尋訪，他請到一位不怕死的力士，能使用一百二十斤重的大鐵椎，武勇過人。人選確定後，張良又仔細分析始皇的動向，勘察地點，最終制定了行動的計劃，可惜卻一時失手而前功盡棄。張良為了躲開追捕，便隱姓埋名，逃亡到下邳藏匿起來。

雖然“博浪飛椎”的義舉令他名揚天下，但張良卻開始反省自己的冒險舉動，並希望通過自己的努力最終推翻暴秦的統治。相傳他遇到隱士黃石公，通過了“圯橋三進履”的考驗，得授《太公兵法》，後來投奔劉邦，在秦亡漢興的歷史轉折過程中建立了不朽的功勳，成為一代著名的軍事家和政治家。

20 陳平分肉

五彩陳平分肉圖蓋罐

此清康熙五彩蓋罐，紋飾表現的正是「陳平分肉」的場景。畫面描繪細膩，為康熙五彩中的精品。

陳平（？—前 178），陽武（今河南原陽）人，是秦末漢初的一位風雲人物。作為劉邦的智囊，他頗具謀略和遠見，為西漢王朝的建立和穩定作出了重要的貢獻。如在楚漢對峙時期，他施用反間計，離間項羽叔姪，使范曾鬱鬱而終，削弱了項羽的力量。西漢建立後，幫助劉邦擒殺韓信等威脅新政權的舊部。呂后專權時，他韜光養晦，呂后一死，馬上與周勃等人合力誅殺呂氏宗族，擁立文帝，避免國家分裂。他也因此在漢文帝時出任丞相，達到政治生涯的頂峰。

陳平少年時，已經顯示出非同一般的才能和見識，這集中體現在“平分祭肉”這件小事上。話說某日，陳平家所在的庫上里（“里”是一種居民組織形式，二十五戶為一里）祭祀社神，鄉親們推舉陳平作為“社宰”，主持整個活動。而他面臨的問題首先就是為大家分配祭祀用的肉，以前的組織者往往因為徇私舞弊、分配不均而造成鄰里間的糾紛。這次，陳平當着大家的面把肉均勻地分開，而且照顧到參加祭祀的人的不同身份、年齡等條件，讓大家心服口服。鄉親們紛紛讚揚他：“陳平這孩子年紀雖小，卻不僅儀表堂堂，讀書用功，連分祭肉都想得這麼周到，真是個人才！”而陳平聽到這話只是躊躇滿志地說：“假使我有機會治理天下的話，也會像分肉一樣稱職。”

此典故出自《史記 · 陳丞相世家》。後以“陳平分肉”指在小事中顯出辦大事的才能。唐代杜甫《社日》詩句曰：“陳平亦分肉，太史竟論功。今日江南老，他時渭北童。”

21 商山四皓

佚名《商山四皓圖軸》

此畫為元代作品，表現朝廷使臣迎請四皓出山的場景，畫面將山水與人物完美結合，是同類題材中的精品。

秦末漢初時，有四位著名的秦代博士東園公、綺里季、夏黃公和角里，為躲避亂世，長期隱居在商山深處，四人年紀都已 80 開外，鬚髮皆白，所以被世人稱為“商山四皓”。

漢高祖劉邦早聞四人的大名，想徵召他們出山為官，卻遭到拒絕。後來，劉邦寵倖戚夫人，想廢掉呂后所生太子劉盈，改立戚夫人所生的劉如意為太子。大臣們紛紛勸諫，劉邦根本聽不進去。呂后就找張良來商量對策，張良建議請“四皓”出山，因為劉邦早就對他們心存敬意，其影響力足以幫助太子渡過難關，而他們不出山的原因不過是認為劉邦出身市井，不尊敬讀書人，現在只要太子寫封措詞誠懇的書信，再派個能言善辯之士帶上金玉璧帛，去遊說一下，必定馬到成功。呂后立刻照辦，果然請得四皓出山輔佐太子劉盈。

不久後，在一次宴飲時，劉邦發現太子身後多了四位老者陪同，一問才知居然是他屢請不動的“商山四皓”，很是不解。四皓上前謝罪道：“我們聽說太子仁義孝順，禮賢下士，天下都是願意為他出力賣命的人，我們也就來作太

子的賓客了。”劉邦聽後，若有所思地說：“那還請四位先生多多教導他啊。”等眾人退下後，劉邦叫出戚夫人，指着“四皓”的背影對她說：“有他們四人輔佐，說明太子羽翼已成，廢不得了。”

劉邦死後，太子劉盈繼位為漢惠帝。據說，四皓旋即返回商山，又過起了隱居生活，死後就葬於商山腳下。

“商山四皓”連綴成詞大約以三國時期曹植的《商山四皓讚》為最早。與此同時，還流傳着“南山四皓”的說法，其實，南山是終南山的簡稱，而商山是其支脈，則二者所指為一。唐宋以降，“商山四皓”逐漸被固定下來，在藝術領域也成為流行的題材，唐代名家李思訓、王維，宋代李公麟、馬遠，明代戴進、吳偉等人都有相關作品見於著錄或傳世。而在宋代還出現了將“商山四皓”與“會昌九老圖”合繪的情況，表現出人們對長壽的嚮往以及尊奉長者，重視人生閱歷與經驗積累的文化心理。

22

曼倩偷桃

緙絲東方朔偷桃圖軸

本圖為元代緙絲珍品，以宋代繪畫為稿本，將東方朔神態刻畫得極為傳神。元代緙絲品傳世稀少，以人物為主題更是罕見。

東方朔（前 154—前 93）字曼倩，平原厭次（今山東德州陵縣）人，是漢武帝時一位富於傳奇色彩的人物。關於他的各種逸聞趣事不勝枚舉，比如，武帝徵召天下賢才，他上書應徵，竟用了三千片竹簡，兩個人才扛得起，讓武帝足足讀了兩個月。武帝賞賜的財物，他都用來娶媳婦，每年一個，毫不顧及別人的議論。同僚都把他看作狂人，他笑着說："古人隱居都選擇深山，而我隱居卻在朝堂之上！"其實，東方朔一直有懷才不遇之感，他曾放言政治得失、強國方略，但並沒有得到重視。據說，他臨死前，還對武帝說要"遠巧佞，退讒言"，聽得武帝頗感意外，問身邊的人：這像是東方朔說的話嗎？

東方朔之所以聞名後世，則完全有賴於各種以他為主角的神話傳說。在這些故事裏，最著名的是他偷喝"君山不死酒"和偷吃蟠桃。前一個故事說君山上有仙酒，人喝了能長生不死，武帝費了很大力氣得到了一壺，卻被東方朔偷喝了，武帝大怒，要將他斬首，東方朔就說："假如這酒靈驗，您殺我我也不會死。要是不靈驗，您又何必殺我？"武帝明白了其中的道理，就把他放了。第二個故事版本很多，大致是說東方朔長壽，是因為偷吃過西王母蟠桃園裏的仙桃，而西王母抓住他後，他竟憑藉自己的口才逗得神仙們開心，反而痛飲仙釀而回。

由於類似傳說的流行，東方朔逐漸成為長壽的象徵，"曼倩偷桃"也成為一個富於戲劇性的題材，被引入造型藝術領域。

23

蘇武牧羊

任頤《蘇武牧羊圖軸》

「蘇武牧羊」在歷代繪畫作品中多有表現，晚清海派畫家任頤這幅作品因其高超的藝術技巧而被譽為其中最成功的一幅。

西漢時期，漢帝國與匈奴之間的關係時好時壞。前 100 年，匈奴新單于即位，漢武帝為了改善兩國的關係，派遣中郎將蘇武（前 140—前 60）擔任使節，率領一百多人，帶着許多財物出使匈奴。就在他們完成使命，準備啟程回國的時候，匈奴上層發生了政變，蘇武一行受到牽連，被扣留下來。匈奴逼迫他們背叛自己的國家，臣服於單于。起初，還只是派人來遊說，許諾以高官和厚祿，但都被蘇武嚴辭拒絕了。匈奴見勸說沒有用，就轉而採用強硬的手段。當時北方正值嚴冬，下着鵝毛大雪，單于命人把蘇武囚在地窖裏，斷絕水和糧食。而蘇武的信念沒有絲毫動搖，渴了，就飲雪；餓了，就嚼身上穿的羊皮襖。這樣過了幾天，單于見蘇武受盡折磨卻毫不屈服，於是把他流放到北海（今西伯利亞的貝加爾湖）去放牧羊群，以消磨他的意志。臨行前，單于對蘇武說："等到公羊生了羊羔，我就讓你回到中原去。"

蘇武被流放到荒無人煙的北海邊，陪伴他的只有使節杖與羊群。就這樣，十九年過去了，使節上的穗子掉光了，蘇武的頭髮和鬍鬚也變白了，但他懷戀家國的心卻從沒有變。這時候，當初下令流放他的單于已經去世，漢朝也有新皇繼位，兩個國家重新修好，蘇武終於等來了迎接自己回家的漢朝使團。

蘇武崇高的民族氣節和不畏強權的英雄氣質，成為中國傳統倫理的典範，蘇武牧羊也成了千古傳頌的佳話，藝術家常常通過對這個題材的描繪，來宣揚民族認同感，激勵人們戰勝困難的意志和信心。

24 昭君出塞

仇英《人物故事圖冊》第十開

此圖為明代著名畫家仇英的作品，畫面以工筆重彩描繪在匈奴單于的帶領下，漢廷護送昭君出塞的隊伍迤邐而行，大漠茫茫，一派塞外蕭瑟景象。

王昭君，是中國歷史上著名的“四大美人”之一，本名嬙，出生於西漢南郡秭歸（今湖北省興山縣）。她很小就被選入內廷作宮女，但深宮似海，宮娥眾多，而皇帝挑選臨倖的對象，是根據畫像，所以宮女們都私下賄賂宮廷畫工。當時有個叫毛延壽的畫工也暗示昭君這麼做，被昭君拒絕，於是他就故意不把昭君的美貌畫出，使得昭君根本得不到一近天顏的機會。

前 33 年，匈奴呼韓邪單于決定與漢修好，親自到長安請求和親。漢元帝非常重視，但又捨不得讓公主去塞外受苦，於是決定挑個宮女來頂替。消息傳出，宮女們都避之則吉，只有昭君自告奮勇承擔和親的使命。臨行之時，單于和昭君等人向元帝謝恩，元帝才發現昭君的美貌“光明漢宮，竦動左右”，不禁又悔又怒，可惜已不能挽回。相傳，後來他還是一氣之下，將毛延壽殺了。

經過漫長的風霜苦旅，昭君終於來到匈奴的居地。呼韓邪單于非常敬愛她，封她為“寧胡閼氏”（閼氏為匈奴語王后之意）。二年後，單于逝世，她又依當地風俗嫁給了單于的長子。昭君出塞後六十年，漢匈之間和平相處，百姓安居樂業，人們認為這是昭君所賜，對她充滿景仰之情。昭君去世後，漢匈百姓紛紛趕來送葬，他們用衣襟包上家鄉的土壤，在大黑河畔壘起了昭君墓。據說，每到秋天邊草枯黃之際，唯昭君墓青蔥依舊，所以有“青塚”之稱。

後世為避晉文帝司馬昭諱，又稱昭君為“明君”或“明妃”，她的精神一直為後世所傳頌，但她的內心，又有幾人了解呢？唐代大詩人杜甫曾為之詠歎：群山萬壑赴荊門，生長明妃尚有村。一去紫台連朔漠，獨留青塚向黃昏。畫圖省識春風面，環佩空歸月夜魂。千載琵琶作胡語，分明怨恨曲中論。

25 馮媛擋熊

顧愷之《女史箴圖卷》（宋摹本）局部

東晉畫家顧愷之的原作早已佚失，此圖為南宋畫家摹本，表現的正是馮媛挺身擋熊的場面。

公元前 38 年的一天，漢元帝與眾妃嬪在苑囿中欣賞野獸搏鬥，忽然有一隻黑熊攀過柵欄，直撲人群。元帝首當其衝，侍衛們距離太遠，急切間不能解救，說時遲那時快，只見婕妤馮媛挺身而出，擋在了元帝的前面。黑熊張牙舞爪，眼看馮媛就要血濺當場。千鈞一髮之際，衛士們趕到，將黑熊擊斃，馮媛與元帝才算死裏逃生。

元帝感念馮媛的救命之恩，驚訝於她何以有這樣的勇氣，馮媛說："臣妾聽說野熊吃人，只要抓住一個就會停下。我怎麼能眼看着牠攻擊陛下呢？所以才甘願擋在您的身前。"元帝萬分感動，第二年就將她封為僅次於皇后的昭儀，並將她的兒子劉興封為中山王；將另一位皇子劉康（傅昭儀之子）封為定陶王。但誰也沒有想到，此事卻引起傅昭儀的嫉恨，也為馮媛的悲劇命運埋下了伏筆。

元帝死後，太子劉驁即位為漢成帝，成帝沒有子嗣，劉興與劉欣（其父劉康早亡）曾展開爭奪繼承權的明爭暗

鬥，最終，劉欣被立為繼承人。成帝死，劉欣即位，是為漢哀帝，傅昭儀的地位一下煊赫起來。正巧此時馮媛的孫子劉衎得了怪病，醫生束手無策，只得求助於巫蠱。這下子被傅昭儀抓住了機會，她授意下屬誣陷馮媛詛咒新皇，又派親信史立去傳審，馮媛據理力爭，史立冷笑着說：“當年您身擋野熊，何其英勇，今天怎麼怕了？”馮媛如夢初醒，對身邊的人說：“三十年前宮中舊事，史立如何知曉？有人想讓我死，我不死，她不會罷休！”於是服毒自殺。幾年後，哀帝死，沒有留下繼承人，太皇太后王政君便下詔迎立年僅九歲的劉衎繼位為漢平帝，馮媛的冤案終得平反。

後世將馮媛視為儒家倫理中婦德的代表，西晉文人張華作《女史箴》，以宮中女官——女史的口吻，列舉歷代女性道德模範，稱讚馮媛“知死不吝”。而東晉大畫家顧愷之更是據此繪製了畫作《女史箴圖》。

26 嚴陵垂釣

任頤《人物故事四條屏》第一開

嚴子陵隱居富春山的典故，歷代皆有作品表現。此畫為清代畫家任頤作品，畫面以簡練而富表現力的線條，襯托出隱士高曠不羈的胸懷，有尺幅千里之功。

嚴光，字子陵，一名遵，會稽餘姚（今浙江餘姚）人，西漢末年已頗有聲名。他在早年的遊學中，結識了劉秀等人。公元 25 年，劉秀建立東漢王朝，得知嚴子陵隱居鄉野，便請他出山。這樣反覆三次，嚴子陵實在推托不過，就來到了洛陽。

在京城的日子裏，嚴子陵看到朝中重臣大多是追名逐利之人，不願與此輩為伍，於是每天在館驛裏睡覺，只等皇帝厭倦了就回家去。劉秀親自去看他，他照樣熟睡不起。劉秀了解他的脾氣秉性，摸着他的肚子說：“子陵呀子陵，你為何不肯幫助我治理國家呢？”嚴子陵忽然睜眼直視着皇帝說：“堯以德行著稱，許由尚且洗耳以示不願聞政事。人各有志，你何必苦苦逼我？”劉秀聽後，只得歎息着回宮去了。

過了幾天，劉秀又將嚴子陵請到宮裏敍舊，二人談得十分投機，晚上就同榻而臥。嚴子陵睡着後還把腳放到了劉秀的肚子上，劉秀也毫不介意。不料，第二天史官就上奏說昨夜觀測到流星侵入象徵帝王的星座，很不吉利，劉秀大笑着說："這是我和子陵抵足而眠啊，沒有甚麼大不了的！"嚴子陵知道這是有人故意構陷，就不辭而別，到富春山下隱居。後來，劉秀還試圖徵召他，但被他再次拒絕。今天，那裏還有"嚴陵瀨"，據說就是他當年垂釣之處。

到了北宋，范仲淹任睦州知州時，在"嚴陵瀨"旁建了釣台和子陵祠，並親自寫了《嚴先生祠堂記》，其中有"雲山蒼蒼，江水泱泱，先生之風，山高水長"的名句，將嚴子陵的聲譽推上了高峰。此後，嚴子陵被當作古代隱士的傑出代表反覆出現在詩文書畫中。

27 弘農渡虎

朱端《弘農渡虎圖軸》

此圖為明代宮廷畫家朱端所繪，畫中人物描繪精細，主次分明，背景線條粗獷，恰成映襯。

劉昆（？—57），字桓公，陳留東昏（在今河南開封陳留）人，是漢文帝之子梁孝王劉武的後代。他從小學習禮儀，善於操琴，又精於《易》學，成了聞名於時的大學者。新莽時期，劉昆常年教授的弟子就有五百人之多。據說，王莽因為他影響太大，害怕他成為聚眾謀逆的領袖，將他全家都收捕入獄，嚴加看管，直到新朝滅亡，才得到自由。

東漢光武帝建武五年（29），劉昆作了江陵令。當時，江陵因為乾旱，連年鬧山火，而傳說只要劉昆向火叩頭，很快就會風雨大作，火勢消歇。此後，他又被任命為弘農太守。弘農郡境內多山林，虎災肆虐，但劉昆到任不出三年，弘農百姓安居樂業，人人爭說親見山中之虎紛紛渡河

而去。軼聞傳到光武帝耳朵裏，就加封劉昆為光祿勳，並詔見了他。皇帝好奇地問："以前你在江陵，可以制服大火；後來到弘農，又令猛虎不再為害你管轄的地方，這是不是上天對你實行以德服眾的政令的獎賞呢？"劉昆只是恭謹地回答："這只是微臣偶然的運氣罷了。"大家都暗笑他應對失據。而光武帝卻慨歎："順天應民，無為而治，這才是有經驗的臣工呀。"他回頭讓史官將這番對話原原本本記錄下來，又命劉昆到宮中教授皇太子及諸王子。

"弘農渡虎"是否真實發生似乎並非重點，考慮到孔子曾有"苛政猛於虎"的感歎，所以此說可能更多的帶有象徵意味。不過，這個典故後來逐漸演化成了稱譽封建官吏保境安民、造福地方的典範，倒也產生了一些鞭策激勵作用。

28 舉案齊眉

衛賢《高士圖卷》

此圖為五代時期衛賢的名作，描繪的正是「舉案齊眉」的場景，構圖緊湊嚴密，坡石、樹幹的皴法法度森嚴，房舍為界畫手法，精細合度。

東漢初年，扶風平陵有個叫梁鴻的人，他生逢王莽之亂，幼年喪父，家境貧寒，只能靠放豬為生，但卻品格高潔，從不接受別人的施捨，而是奮發圖強，勤學苦讀，有着淵博的知識。正因如此，他得到很多人的尊敬，也有些人家看重他的人品和才氣，願意將女兒許配給他，卻被他一一拒絕了。

同縣有個富戶孟氏，家裏有個女兒，長得又黑又醜，力氣大得能舉起石臼，也不喜歡打扮，到了三十歲還沒有出嫁。父母催促她，她就說："只有像梁鴻那樣的人，我才肯嫁。"梁鴻也早聽說孟女的賢德，便娶她為妻。過門之後，孟女着意修飾，梁鴻七天都沒理她，孟女覺得委屈，請丈夫告訴她原因。梁鴻說："我一直認為你能與我一起過清苦的隱居生活，但你現在披金戴銀，塗脂施粉，一副貴婦的樣子，怎麼合我的心意呢？"孟女聽後，立刻換上麻衣粗

服，洗掉脂粉，架起織機，操持家務。梁鴻高興地說："這才是我的妻子啊！"從此以後，夫婦二人隱居霸陵山中，男耕女織，閒暇時，吟詩彈琴為樂，互敬互愛，生活幸福。梁鴻還為妻子取名"孟光"，字德曜，以示對她美德的愛重。孟光呢，每到吃飯時，總是把盛飯的托盤高高舉在眉前，請丈夫用餐，以此來表示敬意。這就是"舉案齊眉"的來歷。

古語說"貧賤夫妻百事哀"，但梁鴻、孟光卻不僅保持了高潔的品行，而且演繹出動人的愛情故事，因此"舉案齊眉"的典故為歷代所傳頌，成為夫妻相互敬愛、相互砥礪的典範。

29 三顧茅廬

戴進《三顧茅廬圖軸》

此作為明代浙派畫家戴進所繪，着重表現劉備第三次造訪隆中，得以會晤諸葛亮的情景。

“三顧茅廬”是《三國演義》中的一個華彩篇章，它自司馬徽、徐庶等配角登場，引出諸葛亮這個主角開始，層層鋪墊、渲染，極盡曲折變化之能事。雖然在大部分時間裏諸葛亮並沒有現身，但所有的人物、事件，甚至景物描寫都圍繞他展開，又使他無處不在。讀者與劉備一樣，心懷強烈的好奇和期待。

在這個過程中，作者着意刻畫出諸葛亮自尊自重、高潔灑脫的完美品格與神龍見首不見尾的隱士風範，也以讚賞的筆調表現了劉備禮賢下士的明君氣量。在故事的高潮，諸葛亮被劉備的誠意所感動，為其分析天下大勢，主張先取荊州，再取益州，建立自己的根據地，然後與孫權結盟，對抗曹操，形成三足鼎立的對峙態勢，一旦時機成熟，就從荊襄與秦川兩路進軍，統一天下。這就是被稱為“未出茅廬，已定三分天下”的“隆中對”。而在諸葛亮出山後，劉備與他“食則同桌，寢則共榻”，君臣關係十分融洽。這是故事的尾聲。可以說，“三顧茅廬”寄寓了古代知識分子的終極理想：遇到尊重並信任自己的聖明君主，建立一番功業。

不過，近年來有些學者對“三顧茅廬”的真實性提出了質疑。他們認為僅憑《前出師表》中所說“三顧臣於草廬之中”，很難論證整個事件的存在與否；也有些人提出是諸葛亮毛遂自薦在先，劉備“三顧”在後。而對於“隆中對”，也有不少人指出其局限性。從地理形勢上看，荊、益二州各自獨立，很難形成相互支援的關係；荊州對東吳來說具有戰略意義，必然成為孫劉兩家衝突的焦點，這就使聯盟的穩定變得不可能。

我們再看歷史上的諸葛亮，諸葛家族客居荊州，與蔡、黃、龐等當地大士族均有姻親關係，諸葛亮的岳父黃承彥更是荊州牧劉表的連襟、蔡瑁的姐夫。他所交往的人中，從龐德公、司馬徽，到龐統、徐庶、崔州平等，幾乎沒有毫無背景之人。劉備看中他，是因為他是聯繫荊州士族的關鍵。而諸葛亮長期任職的“軍師將軍”，絕沒有小說裏“軍師”那樣高的話語權，其地位在法正、關羽、張飛等人之下。儘管他設計了蜀漢的建國方略，但在奪取益州的過程中，主要是法正和龐統在起作用；與孫吳的外交，他也很少能夠參與，像夷陵之戰這樣關係蜀漢前途的重大戰役，他竟沒有進入決策圈。在白帝城托孤時，劉備對他說，如劉禪可以輔佐就輔佐，“如其不才，君可自取”。這話一反常態，無奈與疑忌之情昭然若揭。因此，“三顧茅廬”即便發生過，也並不像看起來那麼美好，這或許才是歷史的真相吧。

30 銅雀春深

青花釉裏紅比武圖棒槌瓶

這是一件清代康熙年間的棒槌瓶，其紋飾表現的就是銅雀台落成時，曹操手下武將比試箭術的情景，眾將各不相讓，都是一箭中的，曹操大悅，每人賞賜錦袍一領。

唐代詩人杜牧的《赤壁》詩中有"東風不與周郎便，銅雀春深鎖二喬"的名句，這裏的"銅雀"指銅雀台，其故址在今河北臨漳縣三台村西，至今尚可見 10 餘米的方形黃土台。

史載，曹操於建安十五年（210）在鄴城西北築高台，名曰"銅雀台"，台高十丈，上有屋宇百餘間。台下引漳河水經暗道流入玄武池，可以操練水軍。曹操晚年常聚集眾臣、文士宴樂於銅雀台及其東側的銅雀苑中，其子曹植曾創作著名的《銅雀台賦》。此後，曹操又在其南築金虎台，其北築冰井台，兩台各高八丈，三台沿鄴城西城牆北部一字排開，之間相距六十步，上有閣道式浮橋相連接。在《三國演義》中，三台均落成於建安十五年，名曰：玉龍、銅雀、金鳳，各高十丈。小說還虛構了眾將於銅雀台比武奪袍的精彩情節，並留下曹操的名言："如國家無孤一人，正不知幾人稱帝，幾人稱王！"

小說中還寫到，赤壁之戰前，諸葛亮為了說服東吳關

鍵人物周瑜，用激將法說："只要送兩個人到江北，曹操的百萬大軍不戰自退。"周瑜問："是哪兩個人？"諸葛亮說："我在隆中時，就聽說曹操建了一座'銅雀台'，廣選天下美女置於其中。他這次率兵而來，必定是為了江東喬公的兩個女兒大喬和小喬。只要得到她們，曹操心滿意足，必然班師而去。"周瑜問："您是怎麼了解曹操心意的？"諸葛亮說："曹操命兒子曹植作《銅雀台賦》，有'攬二喬於東南兮，樂朝夕之與共'一語，不是明證嗎？"周瑜聽罷大怒道："先生有所不知，大喬是先主孫策之婦，而小喬就是我的妻子。"諸葛亮佯裝惶恐："我不知此事，失口亂說，死罪死罪！"周瑜切齒道："我與老賊誓不兩立，希望先生助我一臂之力。"於是，二人商訂了孫劉聯盟的大計。這當然是小說，不足為信。赤壁之戰發生在建安十三年，而銅雀台建成於兩年以後，時序顛倒；而且曹植賦中也並無諸葛亮所引之句。

31 水淹七軍

商喜《關羽擒將圖軸》

此圖為明代畫家商喜所繪，表現的正是關羽擒住龐德的情景。關羽端坐山谷高台上，左右分站周倉和關平，龐德則僅着短褲，被綁在木樁上，十分狼狽。

赤壁之戰後，曹操、孫權、劉備三家瓜分了戰略要地荊州。隨後，劉備又奪取了益州、漢中，諸葛亮在"隆中對"時所制定的戰略部署正在穩步實現，這不僅給曹操，同時也給孫權帶來很大的威脅。因此，兩家都不願劉備長期佔據荊州。曹操看準了這一點，試圖瓦解孫、劉之間的聯盟。而劉備決定採取先發制人的策略，命令駐守荊州的關羽發動了襄樊戰役。

建安二十四年（219）七月，關羽進攻曹軍駐紮的樊城，初期攻勢凌厲，守將曹仁接連告急。曹操遂以于禁為大將，龐德為先鋒，率領七支人馬組成的大軍，來解樊城之圍。正在雙方相持不下之時，忽然下起了大雨，漢水暴漲，于禁軍紮營在樊城北面山谷內，被大水衝亂，兵士各自泅水尋找高地。關羽軍早有準備，乘着船隻木筏，向曹軍猛攻，于禁被圍在一個小山上，無路可走，只得投降。而龐德高喊："我聽說勇敢的將領不會因為怕死而逃跑，英雄不願玷污聲譽而求生。今天就是我殉難之日了！"試圖搶船突圍，卻翻船被擒。這就是著名的"水淹七軍"。在小說《三國演義》中，"水淹七軍"作為關羽軍事生涯晚年的精彩戰例，得到濃墨重彩地渲染。其中最大的改變是，將由暴雨引發的洪水描寫為關羽堵塞水口，有意為之。

水淹七軍後，關羽軍聲勢更盛。但就在這時，孫權的將領呂蒙趁關羽大軍在外之機，襲取了荊州，關羽腹背受敵，頓時陷入被動境地。在該年十二月，關羽敗走麥城，被東吳擒殺，襄樊戰役結束。

32 空城計

青花空城計圖盤

此盤為清康熙年間珍品，畫面人物形象鮮明，諸葛亮的從容與司馬懿的疑慮反差對比強烈。

"空城計"是小說《三國演義》中的經典段落。諸葛亮興兵伐魏，任用馬謖駐守街亭。馬謖志大才疏，為司馬懿所敗。十五萬魏軍直逼諸葛亮所在的西城。諸葛亮身邊只有一班文臣，但他鎮定自若，命人打開城門，讓軍士扮作百姓，灑掃街道，自己坐於城樓之上，焚香彈琴。司馬懿來到，懷疑城內設有埋伏，便引兵退去。諸葛亮笑着對手下人說："司馬懿認定我生平謹慎，從不做沒把握的事，所以懷疑我誘他進入圈套，其實我是不得已啊。不過，換做是我，絕不會就這麼撤走。"

雖然"空城計"本身極為精彩，但很多人都認為它出自小說作者的杜撰，因為在《三國誌》以及《三國演義》母本之一、元代的《新全相三國誌平話》中均沒有記述此事。"空城計"最早出現在西晉郭沖列舉的諸葛亮的五件事跡之中，南朝宋裴松之在為《三國誌》作註時引述了相關記載，卻並不認可其真實性。

我們也不免疑惑司馬懿的撤軍決定過於草率顢頇：即使不敢冒險進城，派一小隊人馬去試探一下虛實也不敢嗎？再退一步，圍而不打，靜觀其變，如何？總之，小說給出的理由是不大令人信服的。

如果換一個角度看，此時的司馬懿雖手握兵權，但為魏明帝曹睿所疑忌，他深知如果沒有諸葛亮的北伐，自己也失去了存在的價值，所謂"兔死狗烹"。因此即使他知道面對的是一座空城，也不會進。而深謀遠慮的諸葛亮又怎會不清楚司馬懿的處境，他故佈疑陣，是給對手一個撤軍的理由。於是，棋逢對手的兩個勁敵共同導演了一出好戲。這樣的推測或許合理性還更強些。

“空城計”還折射出《三國演義》敘事邏輯的一個根本矛盾。作為以史實為依據的小說，它不能改變歷史的基本走向——司馬氏最終統一天下，但它又設置了“擁劉抑曹”的主觀立場，這就使得讀者每每感到不可思議——以孔明之智、五虎將之勇、蜀漢之德政，為何卻最先被滅國？小說在無奈之下，常常委諸天意。如葫蘆谷一役，諸葛亮火燒司馬懿，不料天降大雨，於是只能長歎：“謀事在人，成事在天！”這樣的敘事困境卻製造出某種悲劇似的宿命感，其效果恐怕是作者意料之外的。

在《三國演義》中，諸葛亮是智謀的化身，“空城計”是其奇計的代表，但千變萬化，總跳不出縱橫家那套機關算盡的智“術”，統領全局的大智慧卻難得彰顯。其實，《三國誌》給諸葛亮的按語是“理民之幹，優於將略”，“奇謀為短”，他處理內政的水平遠遠高於軍事指揮才能。這又是小說描寫過猶不及之處，難怪魯迅說他的形象“近妖”，已經不像一個活生生的人了。

33 竹林七賢

竹雕竹林七賢圖筆筒

此筆筒為清中期製品，外壁淺浮雕竹林七賢圖，刻工圓潤流暢，構圖緊湊而層次分明。

竹林七賢與榮啟期磚雕

此圖是一幅南朝墓葬磚雕畫的拓本，是目前所知較早表現「竹林七賢」的藝術作品。除「竹林七賢」外，圖上還有春秋時的隱士榮啟期，榮啟期曾經嘲諷孔子的入世態度，與七賢精神一脈相承。

“竹林七賢”是後世對魏晉時期由嵇康、阮籍、劉伶、山濤、向秀、阮咸、王戎組成的小團體的稱譽，他們在一個特定的階段均沒有出仕，並且時常聚集在竹林中飲酒談玄，行止脫俗，為人所敬仰，因而得到了這樣的美名。

“七賢”的代表首推嵇康和阮籍，這兩人的故事很多，言行乖張，大都超出了一般人能夠理解的範圍。比如嵇康，權臣鍾會想結交他，特意前來拜訪，他在樹下打鐵，一句話也不說，鍾會好生無趣，正要走，他忽然問：“何所聞而來，何所見而去？”鍾會只說：“聞所聞而來，見所見而去。”再如阮籍，年青的時候對瞧不起的人就總是翻個白眼了事，所以世稱他善作“青白眼”；母親過世，他照常吃肉喝酒，毫無悲傷的表情，但臨到下葬時，他卻痛哭到嘔血。

嵇康和阮籍無疑是曠達自任的真名士，嵇康宣稱自己“非湯武而薄周孔，越名教而任自然。”阮籍也說：“禮教豈為我輩而設！”所以掌權者才會把他們看作危險分子，最終嵇康被殺，而曾在楚漢古戰場慨歎“時無英雄，使豎子成名”的阮籍，為得保全竟到了“口不臧否人物”的地步。其實，嵇康、阮籍等人只是對濫用禮教為統治工具的現實感到絕望，不願同流合污，他們的內心實則是迂執地相信禮教的。阮籍不願意兒子加入他們的團體，嵇康在《家誡》中教兒子的都是些最合乎禮的東西，似乎從側面說明了這一點。

拋開後人的讚譽來看，就會發現“竹林七賢”只是一個鬆散的小圈子，二阮本是叔姪，而王戎比山濤、阮籍和嵇康都小了很多，他們會走到一起，大概是因為都有貴族世家的背景，有些本來就是世交，更為重要的是他們都愛飲酒，而且擅長清談。其實，這七人的價值取向極為不同，王戎因貪於財物，被阮籍諷刺為“俗物”。後來山濤、王戎主動放棄隱居，向秀、阮咸也被迫出仕。山濤還曾力勸嵇康為官，為此，嵇康寫下了千古名篇《與山巨源絕交書》，以示心境。

後代的文人將“竹林七賢”奉為不屈服於現實環境，富有獨立人格的典範，因此被屢屢提及與仿效，藝術作品中常常出現他們的形象也就是很自然的事了。

榮啓期
阮咸
劉靈
向秀

阮籍
山濤
王戎

34 蘭亭修禊

文徵明《蘭亭修禊圖卷》

此圖為明代著名書畫家文徵明所繪，畫風兼工帶寫，賦色鮮艷而不失雅潔之致，富於文人畫趣味。

馮承素摹《蘭亭序》

此為唐太宗時書法家馮承素摹寫的《蘭亭序》，是公認最接近王羲之原作的摹本，從中可品味王羲之書法的韻味。

在魏晉南北朝時期，農曆三月三日被定為“上巳節”，是一年中非常重要的節日。其時正值春季，植物繁茂，天朗氣清，人們相互邀集，出遊郊野，既保留着臨流修禊祓除災異的古風，又不妨礙大家曲水流觴歡會宴飲的社交之興。

晉穆帝永和九年（353）三月三日這一天，王羲之與文友及親族謝安、孫綽、釋支遁等四十一人，於浙江紹興西南的蘭亭，舉辦了一次盛大的風雅集會。名士們分坐溪水兩旁，做流杯之飲：酒杯停在誰的面前，誰就要按要求賦詩，做不出的則需罰酒。還約定將這些詩作一一記錄，集結成書，名為《蘭亭集》。大家公推王羲之先為此集作序一篇。於是，王羲之乘着酒興，一氣呵成，寫出《蘭亭集序》，眾人對它豁達清空的意境讚歎不已，而尤為欽服的還是它

風姿綽約的書藝。羲之酒醒後，又反覆書寫了數十遍，卻沒有一幅比得上原作，於是連自己也承認這是最得意的書法作品了。

正因為有了《蘭亭序》，蘭亭集會才成為後世傳誦的文人雅集的象徵。不僅《蘭亭序》被後人反覆臨寫，蘭亭的集會也被模仿，被固定為一個典故，進入詩文、書畫及造型藝術領域，表達文人們所追求的那種崇尚自然，洞徹世事的精神境界。

永和九年歲在癸丑暮春之初會于會稽山陰之蘭亭脩稧事也羣賢畢至少長咸集此地有崇山峻領茂林脩竹又有清流激湍暎帶左右引以為流觴曲水列坐其次雖無絲竹管弦之盛一觴一詠亦足以暢敘幽情是日也天朗氣清惠風和暢仰觀宇宙之大俯察品類之盛所以遊目騁懷足以極視聽之娛信可樂也夫人之相與俯仰一世或取諸懷抱悟言一室之內或因寄所託放浪形骸之外雖趣舍萬殊靜躁不同當其欣於所遇暫得於己快然自足不知老之將至及其所之既惓情隨事遷感慨係之矣向之所欣俛仰之間以為陳迹猶不能不以之興懷況脩短隨化終期於盡古人云死生亦大矣豈不痛哉每攬昔人興感之由若合一契未嘗不臨文嗟悼不能喻之於懷固知一死生為虛誕齊彭殤為妄作後之視今亦由今之視昔悲夫故列敘時人錄其所述雖世殊事異所以興懷其致一也後之攬者亦將有感於斯文

35 羲之愛鵝

任頤《羲之愛鵝圖軸》

畫家着重刻畫王羲之細心觀鵝的神情，白鵝僅寥寥數筆，點到為止，設色清幽淡雅，為晚清海派畫家任頤的人物畫佳作。

王羲之愛鵝的故事，在民間可謂家喻戶曉。據《晉書．王羲之傳》記載：會稽有一個孤姥養了一隻好鵝，想要賣掉可是沒人要。王羲之聽說了，就邀了朋友打算前去觀賞。老嫗聽說王羲之要來，就殺了鵝準備款待他，羲之一到，見鵝已死，感歎而歸。又山陰縣玉皇觀有個老道士，希望得到一本王羲之手書的《黃庭經》，但右軍大人名滿天下，又怎會賣一個老道士的人情？幸好他得悉王羲之愛鵝，遂精心調養一批良種白鵝，每日於王羲之與友人郊遊處放養。王羲之終於"偶然"碰見了這群鵝，十分驚喜，便想要買下，道士說："你只要給我寫一篇《黃庭經》，我就將這些鵝悉數相贈。"羲之欣然寫畢，籠鵝而歸，歡喜異常。這篇書法世稱"右軍正書第二"，後人更是由此而將《黃庭經》稱作《換鵝帖》。李白在《送賀賓客歸越》中所寫"山陰道士如相見，應寫黃庭換白鵝"，便是引用這個典故。

王羲之愛鵝，固然是文人雅事、陶冶情操，更為關鍵的是，他從鵝的體態、行走、游泳等姿勢中，體會出書法運筆的奧妙，領悟到書法執筆、運筆的道理。他認為執筆時食指要像鵝頭那樣昂揚微曲，運筆時則要像鵝掌撥水，方能使精神貫注於筆端。

"羲之愛鵝"被當作文人雅士情趣生活的體現，後人將其與"陶淵明愛菊、周茂叔愛蓮、林和靖愛鶴"並稱，是為"四愛"。"四愛"的題材常常出現在明清以至民國的瓷器和繪畫中，以表現文士風雅清逸，迥出塵俗的超然情志。

光緒庚寅秋七月山陰任頤寫於海上

36 東山再起

佚名《東山絲竹圖軸》

此圖為元代畫作，表現了謝安迎客於東山，絲竹管弦高奏的細節，動態鮮明，若有絲絲樂聲流溢而出。而山水佳景，清逸幽雅，也襯托出主人高逸情懷。

唐代杜甫曾有詩云：“無數將軍西第成，早作丞相東山起。”此處所說的“丞相東山起”，說的是東晉名相謝安的一段傳奇故事。

謝安字安石，出身於名門世家，從小便才器雋秀。四歲時，譙郡的名士桓彝見到他就大為讚賞，說：“此兒風神秀徹，後當不減王東海（即王承，東晉初年名士）。”長大後，謝安為社會時賢所重，當時的宰相王導，社會名流如王羲之、支遁等對他青睞有加。然而謝安並不想憑藉出身、名望去獵取高官厚祿。朝廷徵召他入朝為官，被他以有病為藉口推辭了。後來，謝安乾脆隱居到會稽的東山，“高謝人間，嘯詠山林”，出則漁弋山水，入則吟詠屬文，以山水文籍自娛，無出仕之意。

謝安雖然隱居東山，卻胸懷韜略，留心時政。當時的丞相（後來的簡文帝）司馬昱便說：“謝安既然肯與人同樂，

也不會不與人同憂，召他做官還是會出來的。”經過幾十年的隱居，謝安的名聲愈來愈大，甚至有人傳言：“安石不肯出，將如蒼生何！”到了升平四年，他的好友，侍中王坦之去東山面請，痛陳社稷危艱，國勢衰微，亟需良將謀臣匡扶，謝安才應召出山，其時已年過不惑。這便稱為“東山再起”。

“東山再起”後的謝安，指揮了享譽千古的“淝水之戰”，大破前秦軍，保住了東晉半壁江山。“淝水之戰”的勝利，使得謝安成為千古名相，“東山再起”也由此成為婦孺皆知的經典成語。後世則多以“東山再起”指退隱後再度出任要職，也比喻失勢後重新得勢。

37 淝水之戰

黃楊木雕東山報捷圖筆筒

此筆筒是清初雕刻名手吳之璠最有代表性的作品，其構圖捨去戰爭場面而選擇信使報捷與謝安對弈的畫面，角度新穎而獨到。

公元 4 世紀晚期，中國正處於分裂割據之中。東晉掌握着漢水、淮河以南的大部分地區。在北方，少數民族政權則輪番登上歷史舞台，直到 376 年，氐族人建立的前秦政權才基本統一了北方。383 年，前秦皇帝苻堅決定親率

百萬雄師南征東晉，統一中國。當時雙方力量對比懸殊，前秦兵多將廣；而東晉兵微將寡。但東晉政權上下一心，以丞相謝安為首的主戰派堅決主張抵禦。於是，晉帝任命其弟謝石為都督，其姪謝玄為先鋒，出兵迎敵。雙方在淝水（今淝河，在安徽壽縣南）隔岸對峙，決戰一觸即發。

由於秦軍緊逼淝水西岸佈陣，晉軍無法渡河攻擊，謝玄就派使者去見苻堅，說：你敢不敢將軍隊後撤，等我軍渡河後，再一決勝負？苻堅明白這是激將法，但他自恃必勝，又想將計就計，待晉軍渡河過程中，以騎兵衝殺，一舉獲勝，便下令軍隊後撤。但他未料到的是，秦軍大部分是各地強行募徵而來且族屬各異，本就無心作戰，加之數量龐大，行動遲緩，調動不當，一動即失去控制，陣勢大亂，此時奸細在陣中大叫"秦兵敗矣！"士兵信以為真，竟相奔逃。晉軍趁勢搶渡淝水，發起猛攻。秦軍不戰而潰，自相踐踏而死者不計其數，苻堅也中箭負傷，狼狽逃回洛陽。捷報傳來，謝安正在下棋，他看過信後，不動聲色，在客人一再催問下，他才慢吞吞地說："孩子們到底把秦人打敗了。"客人聽了，高興得不想再下棋，告別而去。謝安的興奮心情也已按捺不住，在跨過門檻回內宅的時候，把腳上木屐的齒都碰斷了。

淝水之戰是中國歷史上經典的以少勝多的戰例。前秦從此元氣大傷，不久滅亡，北方暫時統一的局面也隨之解體。

38 虎溪三笑

青花虎溪相送圖筆筒

此筆筒為清代康熙年間的青花珍品，畫面表現的正是三位高士相視大笑，執禮作別的場景。

東晉時，有位高僧法號慧遠，交遊廣泛，與很多名士都有往還。相傳，他曾居住在廬山西北山麓的東林寺中，潛心研究佛法，為表示決心，就以寺前的虎溪為界，立一誓約："影不出戶，跡不入俗，送客不過虎溪橋。"不過，有一次詩人陶淵明和道士陸修靜過訪，三人談得極為投契，不覺天色已晚，二位起身告辭，慧遠將他們送出山門，怎奈談興正濃，依依不捨，於是邊走邊談，送出一程又一程，忽聽山崖密林中虎嘯風生，悚然間發現，早已越過虎溪界限了。三人相視大笑，執禮作別。據說，後人在他們分手處修建"三笑亭"，以示紀念。有多事者，還寫有一聯：橋跨虎溪，三教三源流，三人三笑語；蓮開僧舍，一花一世界，一葉一如來。

"虎溪三笑"的故事在唐代已經流傳開來，正如聯語中所揭示的，是當時思想界佛、道、儒三教融和趨勢的一種反映。據考證，釋慧遠與陶淵明約略為同時人，交往或有可能，而陸修靜所處時代晚過百年，所以"三笑"之說純屬虛構。但這個題材日益成為象徵三教合流的的美談而膾炙人口。

39 世外桃源

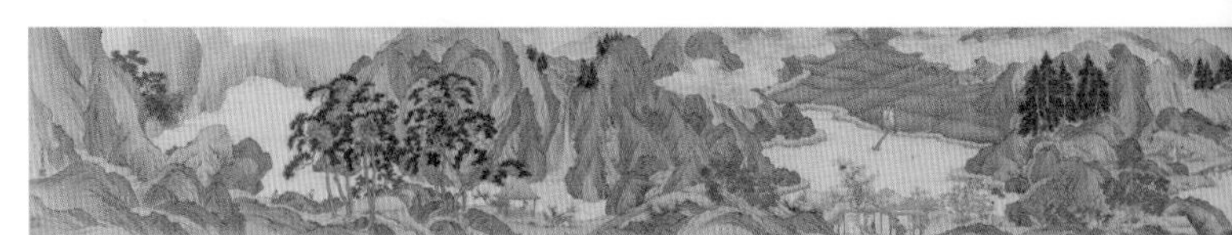

蕭晨《桃源圖卷》

此畫是清代揚州畫家蕭晨作品，以青綠法表現山水，以漁夫棄舟登岸為中心，展現出桃源深處祥和安寧的美景。

東晉太元年間的一天，有個武陵的捕魚人因為貪看風景，沿着溪流，一直來到源頭的桃林間，在一座山上偶然發現了一個洞口。他好奇地穿過去，竟然找到一處房屋齊整，田地肥沃的村落，裏面生活的人快樂地耕作勞動，各不相擾。桃源中人看見他，雖然驚奇，但還是熱情地邀請他做客，向他打聽外面的情況。這裏的人說：他們都是秦末為躲避戰亂而遷居此地的，此後與外界再無聯繫。過了幾天，漁人告辭而去，雖然當地人囑咐他不要告訴外人，但出來的路上，他還是特意作了標記，可是等他報告了太

守，想帶人回到桃源時，卻再也找不到路了。

這是東晉著名文學家陶淵明在他的《桃花源記》裏所虛構的故事。這篇文章約作於永初二年（421），距離陶淵明辭去上任僅 81 天的彭澤縣令而選擇歸隱田園的生活已經過去 16 年。面對黑暗的現實，他早已不是那個胸懷“大濟蒼生”之志的猛士，而成為遠離塵囂獨善其身的隱者。於是，他以優美的文辭與精巧的結構，編織了一個帶有烏托邦色彩的理想社會。這裏的人不分等級，和諧共處，心智純樸，似乎回到了傳說中的上古時代。陶淵明所創造的桃花源左右了後世對理想社會的想像，成為一種經典，廣泛地出現在藝術作品之中。

40 風塵三俠

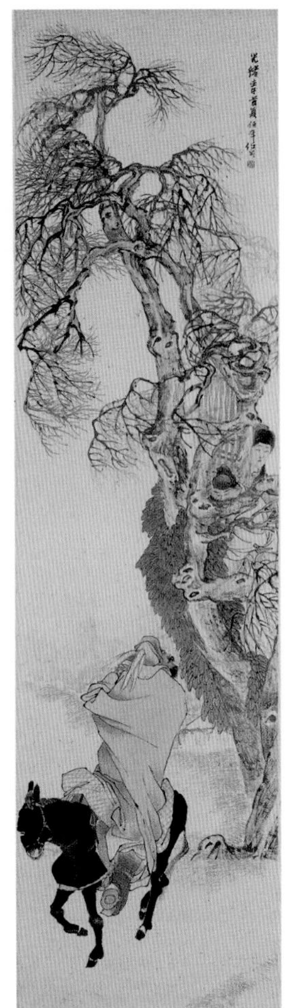

任頤《人物故事圖屏》第三開

此圖為晚清海派畫家任頤所作，前景虬髯客身披紅袍，跨於蹇驢之上，正拱手作別，而在參天古木之後，李靖與紅拂隱約可見。

青花紅拂圖棒槌瓶

此件清代青花瓷瓶上表現的也是這個故事，畫面展示的是李靖見楊素的場面，楊素右側站立的女子即是紅拂女。

隋朝末年，隋煬帝昏庸暴虐，天下醞釀着巨變。當時，三原有一位文武兼通的布衣名叫李靖，他來到都城長安，想投奔到權臣楊素門下幹一番事業。但幾經輾轉，終得拜訪後，他發現楊素垂垂老矣，早已胸無大志。回到旅舍，李靖枯坐到五更，忽然有人敲門，一見之下，竟是楊素身邊手持紅色拂塵的侍女。原來，這位女子名叫張出塵，流落長安，被賣入楊素府為歌妓，因常執紅色拂塵，故被稱作紅拂女。她在李靖與楊素的問答中，發現了他的絕世才華，就決定趁着夜色逃出，追隨李靖。李靖雖然沒能打開仕途之門，卻得到佳人的眷顧，頗感欣慰。二人怕楊素追查，就扮作商賈離開長安。

他們一路跋涉，在靈食（在今山西省）的一處客站歇

腳。紅拂正在梳頭，一個留着紅鬍子的人非常無禮地在一邊直視，李靖心中惱怒，而紅拂見其貌似粗鄙，卻氣宇不凡，於是就主動搭訕，在得知他也姓張後，馬上提出拜他為兄。那虬髯客非常高興，三人交談之後，只覺相見恨晚。虬髯客提出想去見識一下聲名鵲起的太原留守李淵之子李世民，於是三人約定太原再見。虬髯客起身告辭，跨上一匹瘦驢，轉眼不見。到了約定的日子，虬髯客已經等在那裏。他們見到李世民後，李靖覺得頗為投契，而虬髯客則意味深長地說："李公子果然有

帝王之相。看來這個世界不是我的世界。”他讓李靖夫婦回到長安後到他的家裏來，他要送一份禮物給紅拂陪嫁。

當李靖與紅拂找到虬髯客的家時，發現他竟是一個富可敵國的人，更不可思議的是，虬髯客要把全部家產轉送給他們，孤身一人遠走異鄉。臨行之時，虬髯客特別叮囑李靖全力輔佐李世民，當可建立一番功業，而紅拂必能妻憑夫貴。最後，他又說：“十餘年後，東南幾千里外，會有一件驚天動地的大事發生，那就是我成功了。”後來，李靖助李淵父子平定天下，建立了大唐，被封為衛國公，紅拂也成了一品夫人。而貞觀十年，風傳扶桑國有人率領兵馬自立為王，只有紅拂和李靖最清楚，那正是虬髯客所為。

後人將虬髯客、李靖、紅拂合稱為“風塵三俠”，他們充滿浪漫色彩和傳奇性的經歷，在一個動盪時代的映襯下，顯得分外動人。

41 十八學士

佚名《春宴圖卷》(局部)

「十八學士」自唐代以後逐漸成為人物畫的一個重要題材，此圖為南宋時作品，雖作者不詳，但繪畫功力深厚，是同類題材中較早也是成就較高之作。

青花登瀛洲圖棒槌瓶

這件瓷器上的圖紋，也是以十八學士為主題繪製的。清初康熙年間，朝廷廣開科舉，延攬賢達，故而當時的青花瓷器上此類圖案十分盛行。

唐高祖武德四年(621)，秦王李世民被封為天策上將軍，眼見統一天下的大勢已定，他開始為治理龐大的帝國做準備，首先當然就是延攬人才。李世民下令在長安宮城的西面設立文學館，向全國招納文士。為了顯示中央政府的重視，他還先行封賞了已經在政府部門任職的十八人為“學士”，他們是：杜如晦、房玄齡、

于志寧、蘇世長、薛收、褚亮、姚思廉、陸德明、孔穎達、李玄道、李守素、虞世南、蔡允恭、顏相時、許敬宗、薛元敬、蓋文達、蘇勖。李世民一有空閒，就向他們咨詢政事，討論文學與歷史等方面的問題。武德七年，薛收去世，遞補劉孝孫入館，依然保持十八人之數。武德九年，李世民又命宮廷畫家閻立本為十八人畫像，並註明各人的的姓名、籍貫和官職，命褚亮題寫讚詞，稱為《十八學士寫真圖》，又名《登瀛圖》，收入皇家藏書室，以示重視。這就是歷史上有名的“十八學士”，或稱“天策府十八學士”、“秦府十八學士”的來歷。這項舉措取得了不錯的效果，不僅籠絡了士族子弟，也聚集起一批賢能，為初唐“貞觀之治”奠定了基礎。

李世民的這一舉措在歷史上多次被效仿，比如開元年間，唐玄宗在長安上陽宮食象亭下詔，以張說、徐堅、賀知章等人為“十八學士”，並命畫師董萼繪像，親撰讚詞。“開元十八學士”也很著名，成為唐代鼎盛的“開元盛世”時文化繁榮的一個象徵。

42 便橋會盟

陳及之《便橋會盟圖卷》（局部）

此圖為元代畫家陳及之作品，表現了會盟的關鍵場景，共繪 246 人、180 匹馬和 4 頭駱駝，堪稱一幅宏大的歷史畫卷。

突厥是一個古老的遊牧民族，長期生活在中國西北的草原地區。隋末唐初，突厥實力逐漸壯大，成為中原帝國的主要敵人，後雖分裂為東、西兩部，但威脅卻沒有減小。唐高祖武德九年（626）八月，唐太宗剛剛在"玄武門之變"中消滅兄弟建成、元吉等政敵，取得帝位，東突厥頡利可汗就聚集 20 萬大軍，大舉南侵，意圖趁唐帝國政局不穩之機，攫取利益。突厥軍隊長驅直入，直逼渭水之北，距長安城僅 40 里，京師震動。

值此危急關頭，唐太宗顯露出卓越的政治才能，他一面積極備戰，詔令各地火速勤王，一面故佈疑兵之計，盡

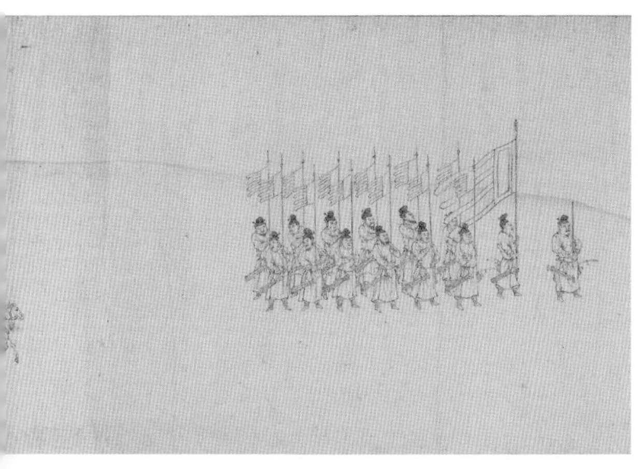

力避免戰爭的爆發。他親率房玄齡、高士廉等六騎來到渭水上的便橋之南，與頡利隔橋對話，譴責其南侵之舉，同時佈置京師守衛部隊排列陣勢，徐徐前進。頡利見太宗義正辭嚴，毫無懼色，遠望唐軍旌旗蔽野，陣容鼎盛，毫無倉皇混亂的跡象，完全是有備而來，遂決定與唐和談。次日，唐太宗和頡利在便橋之上，斬殺白馬，舉行隆重的儀式，簽定了盟約。這就是歷史上著名的“便橋會盟”。

據稱，太宗為了換取這次和平，動用了國庫三分之二的財力來滿足突厥的貪慾。但從長遠來看，“便橋會盟”是唐太宗一次外交勝利，為唐的發展贏得時間，此後他採取了一系列勵精圖治的措施，終於在貞觀四年（630）生擒頡利可汗，滅掉了東突厥。

43 蕭翼賺蘭亭

佚名《蕭翼賺蘭亭圖卷》

蕭翼賺蘭亭的故事在書史上極為有名，因此自唐以來，歷代均不乏以之為題的繪畫創作。本幅為南宋佚名畫家所作，描繪蕭翼與辯才談藝論道的場景。

《蘭亭序》是晉代大書法家王羲之的傑作，作為傳家寶，一直傳到他的七世孫智永和尚手中，因為沒有子嗣，智永臨終時將它托付給了弟子辯才。此時，酷愛王羲之書法的唐太宗李世民，正四處收羅王氏真跡，聽說了《蘭亭序》的下落，便三次詔見辯才，想讓他主動交出，但辯才矢口否認，只說歷經戰亂，不知去向。太宗無可奈何，卻並不死心，便派足智多謀的御史蕭翼去騙取這件"寶貝"。

蕭翼扮作商人，謊稱來自北方，路過越州（今浙江紹興），投宿於辯才住持的永欣寺。為了接近辯才，蕭翼投其所好，盡展所能，吟詩論畫，品茗下棋。辯才對其大為欣賞，兩人很快就成了知己。蕭翼見時機成熟，便將從內廷

帶來的幾幅王羲之墨跡拿出，故意在辯才面前賣弄。此舉果然激起了辯才好勝之心，將秘藏在房樑上的《蘭亭》真跡取下，展示給他看。蕭翼見是真跡無誤，馬上認輸，甘願將自己的收藏留給辯才。從此之後，辯才的警惕性徹底放鬆，任蕭翼自由出入自己的禪房。一天，蕭翼藉辯才外出之機，藉口去取東西，將禪房內的幾件王羲之墨跡連同《蘭亭序》統統帶走，然後下令逮捕了辯才和尚。

唐太宗得到《蘭亭序》真跡，十分高興，擢升蕭翼，同時賜辯才無罪，另加封賞。但辯才受此驚嚇，又加上誤信於人，遺失重寶，愧對師尊，慚憤交集，不到一年就溘然而逝。

據傳，王羲之的《蘭亭序》真跡後來隨葬於太宗的昭陵，今天我們所能見到的只是虞世南、褚遂良、馮承素等人的臨摹本而已。這個故事則為《蘭亭序》這件千古名作又增添了一層傳奇色彩。

44 六難祿東贊

閻立本《步輦圖卷》

此畫為唐代畫家閻立本的代表作，描繪的正是唐太宗接見祿東贊的場景。唐太宗的英武沉着被突出表現，祿東贊的面目特徵及袍服花紋也都得到細膩體現。

公元七至九世紀時，青藏高原上崛起一個藏族政權——吐蕃。629 年松贊干布繼位為吐蕃贊普（國王）後，征服了其他部落，統一了藏區，建立了奴隸制國家，使吐蕃成為雄踞一方的強大勢力。

松贊干布非常仰慕發達的中原文化，希望與唐王朝建立聯繫，學習和吸收各方面的文明成果。於是，在唐貞觀十四年（640），他派遣自己最得力的大臣宰相祿東贊到長安向唐太宗請求聯姻。唐太宗答應了吐蕃的請求，選擇了李姓宗室之女文成公主，嫁往吐蕃與松贊干布成婚。松贊干布非常重視，親自到青海迎接公主入藏，並向唐使行子婿之禮。這次和親確立了吐蕃對唐的臣屬關係，開創了唐蕃外交的新時代，在其後的三十年時間裏，兩國一直保持

着和平狀態。而在文成公主的和親隊伍中，還有大量工匠，他們將漢族的碾磨、紡織、燒陶、造紙、釀酒等工藝帶到了吐蕃；她所攜帶的文學、史學、佛經、農技、醫學、曆法等方面的典籍，更是深刻地促進了當地經濟、文化的發展。因此，藏地的人民都愛戴文成公主，她與松贊干布的各種美麗傳說至今還廣為流傳。

在這些傳說裏，最為人所知的無疑是唐太宗“六難祿東贊”的故事。相傳，在祿東贊到達長安時，發現來向唐朝求婚者並非吐蕃一國，很多國家的國王都想迎娶才貌雙全的文成公主，並藉此與強大的唐帝國建立聯姻關係。唐太宗為示公允，出了六個難題，規定順利答對者，方可許婚。結果只有祿東贊解開了全部難題，將文成公主娶回了吐蕃。這個傳說還有“五難”、“八難”等多個版本，流傳極廣，在很多藏族的書籍以及布達拉宮等建築的壁畫上都有生動的演繹，充分顯示了文成公主與松贊干布的和親在歷史與人們心中的重要位置。

45 太白醉酒

沙馥《飲酒圖扇》

此圖是晚清海派名家沙馥所作，巧妙化用「舉杯邀明月，對影成三人」詩意，成功地表現出人物的精神氣質。

鬥彩李白飲酒圖筆筒

此筆筒為清代道光年間的官窯瓷器佳品，筒壁裝飾的正是「太白醉酒」的畫面。

魯迅在談到中國傳統文學時曾下過一個論斷：一切好詩至唐已經做完。而唐詩創作的代表人物首推李白。李白（701—762）出生在碎葉（在今吉爾吉斯斯坦境內），其家族本是隴西成紀（今甘肅秦安）人，因隋末戰亂而遷居，唐中宗神龍元年（705）才又遷至綿州（今四川江油）。

大約在二十五六歲時，李白出蜀東遊，尋找引介入仕之機。天寶元年（742）他終於得到玉真公主的推薦，被唐玄宗召入長安，供奉翰林。一開始他非常興奮，以為可以一展抱負，誰知卻只能寫些“雲想衣裳花想容”之類的詞句來討皇帝的歡心，而且眼看政局日趨腐化，自己又不能忍受“摧眉折腰事權貴”的生活，於是他縱酒狂歌，留下了“天子呼來不上船，自稱臣是酒中仙”式的豪舉。不滿兩年，李白被迫辭官，再次踏上了詩酒飄零的旅程。天寶十四年（755）安史之亂爆發，李白加入了玄宗第十六子永王李璘的幕府。誰知永王不聽肅宗節制，結果被一舉消滅，李白也牽連入獄，流放夜郎。幸而途中遇到大赦，得以東歸，時已 59 歲。他晚年流落江南，直到 61 歲時，還想跟隨太尉李光弼討伐安史叛軍，卻因年老病衰，未能如願，

次年即病故。

雖然李白一生仕途蹭蹬，懷才不遇，但坎坷的經歷卻成就了他詩歌創作的才華，成為一代"詩仙"。不僅如此，李白還成為堅守文人獨立人格的典範，蘇軾曾藉古人的話讚美李白"戲萬乘若僚友，視儔列如草芥，雄節邁倫，高氣蓋世"，正充分表明了這一點。

46 長恨歌

堆綾唐明皇楊貴妃戲像冊

此像冊為清光緒年間的織繡品，是戲曲中李、楊的人物裝扮。其形象用各色綾子在藍緞地上拼貼而出，內有填充物，故凸起而富立體感。

仇英《人物故事圖冊》第二開

此畫為明代吳門畫家仇英作品，表現的是楊貴妃在臨潼華清池端正樓梳妝的情景。

唐玄宗與楊貴妃確乎是一對不可分割的歷史人物，他們之間的情感糾葛，在後世的文學作品中昇華為超越政治得失，甚至生死阻隔的愛情神話。

唐玄宗李隆基（685—762，712—756 在位），也有唐明皇之稱。繼位之初，他勵精圖治，形成了"開元盛世"的繁榮局面，但承平日久，玄宗開始疏於政事，耽溺聲色，終於釀成"安史之亂"，唐王朝也從此盛極而衰。

楊玉環（719—756），本為玄宗第十八子壽王李瑁的妃子，737 年，玄宗所寵愛的武惠妃死，玄宗心情很差。這時有人推薦壽王妃，召見之後玄宗大悅。於是先安排楊氏出家，取號太真，又為壽王另娶。745 年，正式冊封楊

氏為貴妃。這種“父佔子妻”的做法，在歷代宮闈都屬罕見。

一時間，楊氏寵冠後宮，雖無皇后之名而有皇后之實。為了滿足她的口腹之慾，玄宗特命四川用快馬進貢荔枝到驪山行宮，形成著名的“天寶荔枝道”。杜牧詩云“一騎紅塵妃子笑，無人知是荔枝來”，正是諷刺這一舉動。楊氏一門也都因楊貴妃的得寵而驟然顯貴，就連遠房兄弟楊釗——一個市井無賴——竟得賜名國忠，身兼十數職，後來更居相位，把持朝政。這也是玄宗後期政治窳敗的縮影。

755 年，安祿山起兵反叛，安史之亂爆發，玄宗倉皇入蜀，行經馬嵬驛時，軍隊嘩變，玄宗無奈，下令誅殺楊國忠，又賜楊妃自縊。

唐玄宗與楊貴妃的故事本身即很有傳奇色彩，又包含了個人命運與國家政治之間悲劇性的矛盾衝突，因而很早就牽動詩人的心弦。在唐代詩人白居

易的長篇敘事詩《長恨歌》中，已有“七月七日長生殿，夜半無人私語時”、“天長地久有時盡，此恨綿綿無絕期”等愛情描繪。從宋、金時期開始，表現二人愛情題材的戲劇逐漸增多，及至清初，洪升的《長

生殿》，既對李、楊愛情進行了前所未有的改造和充實，又沉痛地寄寓了明亡的家國之痛，成為對該故事最成功的一次演繹。此外，在各種戲曲中也有着諸多同類作品，像京劇中就有《太真外傳》、《貴妃醉酒》等劇目。

47 七子八婿

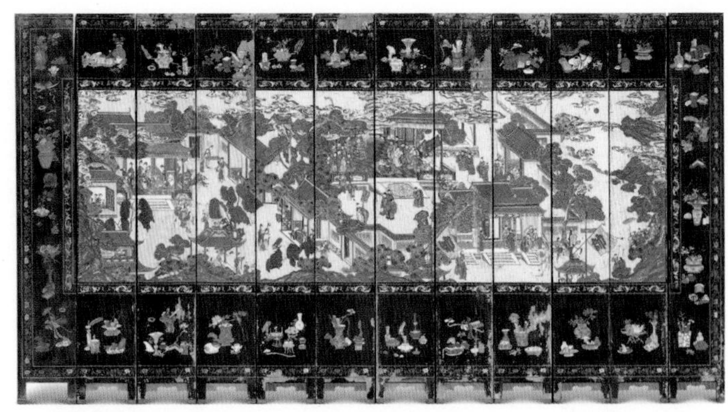

刻灰描金彩繪子儀祝壽圖圍屏

此圍屏係清宮傢具，屏心正面彩繪的正是眾人為郭子儀祝壽故事，畫面上帥府兩進，廳堂寬敞，人物眾多。

“七子八婿”是關於唐代名將郭子儀的一個著名典故。郭子儀（697—781），華州鄭縣（今陝西華縣）人，祖籍山西汾陽。他出身於中層官吏家庭，通過武舉考試成為軍官。在他早期的軍事生涯裏，就顯示出不俗的才能，但真正使他大顯身手的是安史之亂。在平定安史之亂過程中，郭子儀打敗史思明，聯合回紇收復了洛陽、長安兩京，居功至偉，封代國公，唐肅宗感慨地說：“雖吾之家國，實由卿再造。”不久，拜郭子儀為中書令，封汾陽郡王。唐代宗時，大將僕固懷恩勾結吐蕃、回紇進犯關中地區，又是郭子儀一舉瓦解了叛亂。

郭子儀不僅具有傑出的軍事才能，而且非常善於處理複雜的官場人際關係。他身歷玄宗、肅宗、代宗、德宗四朝，又長時間手握兵權，卻始終得到皇帝的信任，雖然也有被政敵中傷的短暫沉浮，但總是能憑藉自己忠誠而從不居功自傲的表現贏得轉機。唐代宗賜給他鐵券（免死牌），並在凌煙閣為他畫像，德宗更是尊稱他為“尚父”。他逝世後，德宗輟朝五日以示悲悼，又特許將其墳墓加高十尺，並親自到安福門臨哭送行。這種尊敬甚至來自敵對勢力，吐蕃、回紇等少數民族都對他有“神人”之稱。安史叛將田承嗣佔據魏州後，見到郭子儀派來的使者，亦曾說到：“我

這雙膝蓋不向別人下跪已經好多年了，現在要拜一拜郭大人。”

因為郭子儀一生富貴長壽，又是傳統道德和處世智慧的典範，更為重要的是史稱他有八子七婿，都是顯貴，孫子則有數十人之多，民間便有了“七子八婿滿牀笏”之說。就世俗意義而言，他的人生是非常完美的，所謂“人道之盛，此無缺焉”，所以他也成了被後世演繹比較多的歷史人物。

48 會昌九老

紫檀木雕會昌九老圖筆筒

這是一件明晚期的筆筒，外壁高浮雕和鏤雕《會昌九老圖》。

緙絲九老圖軸

這件清代乾隆年間的緙絲作品主題也是會昌九老，在工藝上緙、繪結合，有明代畫家仇英工麗、細膩的畫風。

相傳，河南洛陽南郊的龍門在大禹治水時被鑿出一個大豁，水流奔騰而過，形成了後來的伊河龍門段，而山體也分成了東、西兩部分。龍門的東山又叫“香山”，由於唐代大詩人白居易（772—846）晚年常居於其上的香山寺，並自號“香山居士”而名氣大增。

唐武宗會昌二年（842），白居易以刑部尚書職致仕，定居洛陽。會昌五年三月二十四日，他組織了一次“尚齒之會”，參加者包括胡杲、吉皎、劉真、鄭據、盧真、張渾等六人，其中白氏年紀最輕，而最長的胡杲已近九十，七人年紀相加接近六百歲，大家都認為這樣的聚會古來罕有，於是各自賦詩，共襄盛舉，還繪圖記錄當時的場景。稍後不久，又有百歲老人李元爽和九十五歲的禪師如滿加入，從而組成了“香山九老之會”。白居易還寫有《九老會詩並序》，流傳甚廣，成就了一段文壇佳話。

“香山九老”——又因其發生的時代而有“會昌九老”之稱——成了後世的一個典範。到了宋代，這種以年高德劭的致仕士大夫為主體的聚會已經在很多地方相沿成俗。而“會昌九老”作為藝術創作的一個重要題材，自唐代開始，綿延不絕，出現了很多優秀作品。還出現了將“會昌九老”與“商山四皓”合繪的情況，從表面來看，這兩個題材均以刻畫老年人為主，帶有祝福長壽之意。從更深層次看，又迎合了士大夫對晚年生活的一種設想，一方面悠遊林下；一方面又保持着干預國家政治的影響力，頗具典型意味。

49 待月西廂

五彩西廂記故事圖蓋罐
粉彩西廂人物圖盤
這兩件清前期的彩繪瓷器，圖紋表現的都是《西廂記》中的場景，顯示出這種通俗文學形式在工藝美術中的影響。

元代戲劇作家王實甫所創作的《西廂記》雜劇，是中國古代通俗文學中描繪愛情最成功的作品之一，它通過落拓書生張生與相國之女崔鶯鶯一見鍾情，真誠相愛，在婢女紅娘的幫助下，衝破重重束縛，成就美滿姻緣的故事，突出了"願普天下有情的都成了眷屬"的美好願望。

《西廂記》的故事最初來源於晚唐詩人元稹所作的傳奇小說《鶯鶯傳》，在小說裏，書生張珙偶見寓居蒲州普救寺的崔門孀婦鄭氏之女鶯鶯，驚為天人，於是請其婢女紅娘從中撮合，始則幽會，繼則同居西廂一月之久，後張生赴京應試，開始懊悔自己的行為，終於拋棄了鶯鶯。作者抱着欣賞文人風流韻事的態度，肯定張生的始亂終棄是"善改過"的表現。然而，鶯鶯的悲劇形象卻引起了讀者的同情，"待月西廂"逐漸被一些文學作品引用。到了宋代，根據《鶯鶯傳》編寫的樂舞十分流行，金人董解元擴充《西廂記諸宮調》，不僅豐富了人物性格，而且順應欣賞者的心理，改變了故事的結局，讓崔、張二人私奔而去。王實甫

在此基礎上進行了進一步創作，使故事的情節更為跌宕起伏，塑造出一系列生動的人物形象。歌頌了青年男女純潔的愛情，否定了只重門第、等級或以婚姻為籌碼的傳統觀念，思想內涵得到了深化。

《西廂記》甫一問世，就引起轟動，明代著名的戲劇理論家徐渭、李贄、湯顯祖、沈璟等都對它有高度評價，清初的文藝批評家金聖歎將其與《離騷》、《莊子》、《史記》及杜詩並列，標舉為"第六才子書"。崑劇、京劇、越劇等各個劇種，都排演過《西廂記》，彈詞、鼓詞等曲藝門類所改編的《西廂記》更是為大眾所喜聞樂見。《西廂記》還影響到其他藝術形式，在古典名著《紅樓夢》、《金瓶梅》中都可以找到明顯的痕跡，而在繪畫領域，明代著名畫家仇英、唐寅、陳洪綬等都曾以其為題進行過創作。

50 杜秋娘

周朗《杜秋圖卷》局部
此畫為元代畫家周朗所繪，圖中杜秋娘高髻長裙，衣帶飄舉，手執排簫，眼中略帶憂鬱，與杜牧「金階露新重，閒撚紫簫吹」的詩意相諧。

杜秋娘本是唐代潤州（今江蘇鎮江）人，自小生得秀麗聰敏，能歌善舞。十五歲時被割據一方的鎮海節度使李錡看中，納為侍妾。相傳，她自填自唱一曲《金縷衣》："勸君莫惜金縷衣，勸君惜取少年時。花開堪折直須折，莫待無花空折枝"，歌聲清越，令李錡不禁擊節應和。805年，唐憲宗即位後，試圖削減藩鎮勢力，李錡不滿，舉兵反叛，很快兵敗被殺，而杜秋娘也被籍沒入宮。由於她色藝俱佳，得到了憲宗的寵倖。元和十五年（820），憲宗暴亡，太子李恆登基為穆宗，他命杜秋娘作了皇子李湊的保姆。穆宗荒淫，沉迷酒色，不到三十歲就一命嗚呼。之後的敬宗在位也不過三年，就離奇身亡，接着是文宗李昂即位。這時的李湊已被封為漳王，杜秋娘雖然為親身經歷三位帝王的暴斃感到震驚，但也沒有料到殘酷的宮廷鬥爭這麼快就會波及到自己。原來，文宗痛恨宦官王守澄專權，就與宰相宋申錫密謀除掉他，不料事情敗露，王守澄先發制人，誣告宋申錫與漳王串通謀反，結果宋申錫獲罪，李湊被貶，而杜秋娘已老，也被放歸鄉里，結束了她的宮廷生活。

杜秋娘的一生是集權社會中與權力發生糾葛的女性悲劇性命運的生動寫照，晚唐詩人杜牧作長詩《杜秋娘詩》以寄托對她們的同情，也使杜秋娘成為歷史上著名的人物。

51 五子登科

任頤《丹桂五芳圖軸》

此圖為晚清畫家任頤的作品，將一個帶有倫理說教色彩的故事，處理得自然生動。

民間傳說，薊州漁陽（今天津薊縣）有個叫竇禹鈞的人，家境殷實，卻無惡不作，直到三十歲，還無子嗣。有一天晚上他的父親托夢給他："你心術不正，多行不義，如不重新做人，恐怕一輩子都沒有兒子。"從此竇禹鈞下決心痛改前非，周濟貧苦，廣興義學，終於扭轉了人們的印象，也接連生了五個兒子。他加倍行善，以身作則，五個兒子後來都出人頭地，高中進士。這就是"五子登科"的來歷。這個故事體現了普通民眾祈望家族繁衍，望子成龍的美好願望，也包含了善惡果報的樸素的世界觀，因此得到了廣泛的認同和傳播。因漁陽地處燕山一帶，所以，竇禹鈞又被稱為"竇燕山"，童蒙課本《三字經》把這故事簡化成"竇燕山，有義方，教五子，名俱揚"。

這個故事是有真實歷史依據的。竇禹鈞為唐末五代時人，本為詩書世家，教子有方，五個兒子儀、儼、侃、偁、僖都很有出息。其中竇儀在後晉時中進士，入宋官至禮部尚書、翰林學士，是宋初一代名臣，他去世之後，宋太祖曾悲傷地感歎："天何奪我竇儀之速耶！"竇儼也是後晉進士，歷仕後漢、後周，宋初任禮部侍郎。竇侃為後漢進士，曾任宋起居郎。竇偁為後漢進士，入宋任左諫議大夫。竇僖是後周進士，曾任宋左補闕。當時人們美稱他們為"竇氏五龍"。時人有詩句讚之："靈椿一株老，丹桂五枝芳。"

後來"五子登科"、"丹桂五芳"逐漸成為祝福的吉祥語，揄揚對方為積善之家，多子多福。又演化為吉祥圖案的一種，常描繪五個嬉戲的幼童，姿態各異，神情生動。

丹桂五枝
光緒壬辰新秋伯年任頤

52

雪夜訪普

劉俊《雪夜訪普圖軸》

此圖為明代院體畫家劉俊所作，表現的正是「雪夜訪普」的情景。室內上首正坐者即趙匡胤，下首側坐者為趙普，趙普之妻恭立於旁。

北宋初年，天下初定，政事紛紜，太祖趙匡胤常常微服私訪朝中重臣，徹夜傾談國家大事。時任宰相的趙普每天退朝回到家後，都不敢脫掉朝服，生恐皇帝造訪。一天晚上，漫天飛雪，趙普估計皇帝絕不會來，就準備脫衣休息。忽然傳來了叩門聲，等他迎出來時，看到太祖笑呵呵地站在中庭。趙普趕忙跪倒請罪，太祖將他扶起來，對他說，已經約了其弟晉王趙匡義同來。君臣三人圍爐夜話，把盞論政。趙普準備了炭火烤肉來招待他們，又叫出自己的妻子來行酒。席間，他們談論用兵北漢的問題，趙普建議暫時留下北漢，作為宋與契丹之間的屏障，等滅掉南方的南唐和吳越以後，再做打算。太祖表示這先南後北的決策正合心意。於是賓主盡歡而散。

這位趙普（922—992），字則平，幽州薊縣人，是宋初重要的政治家，趙匡胤最主要的謀士之一。他參與策劃“陳橋兵變”，推動了北宋的建立；提出了“稍奪其權，制其錢穀，收其精兵”的思路，解決了晚唐以來節度使擁兵自重，割據一方的局面，穩定了國家的政權；後來又親身經歷了“金匱之盟”等一系列宮闈間的權力鬥爭，助晉王趙匡義即位。但他很不好學，太祖勸他多讀書，他也僅是擺擺樣子，看來看去就是半本《論語》，所以得了個“半部論語治天下”的笑談。儘管趙普算不上傳統士人政治家的代表，卻不妨礙“雪夜訪普”成為帝王禮賢下士的佳話為後世所傳頌。

53 梅妻鶴子

錢選《西湖吟趣圖卷》

此圖為元代畫家錢選所繪，人物神態細膩傳神，線描精細，賦色淡雅，雖無背景而意境自見。

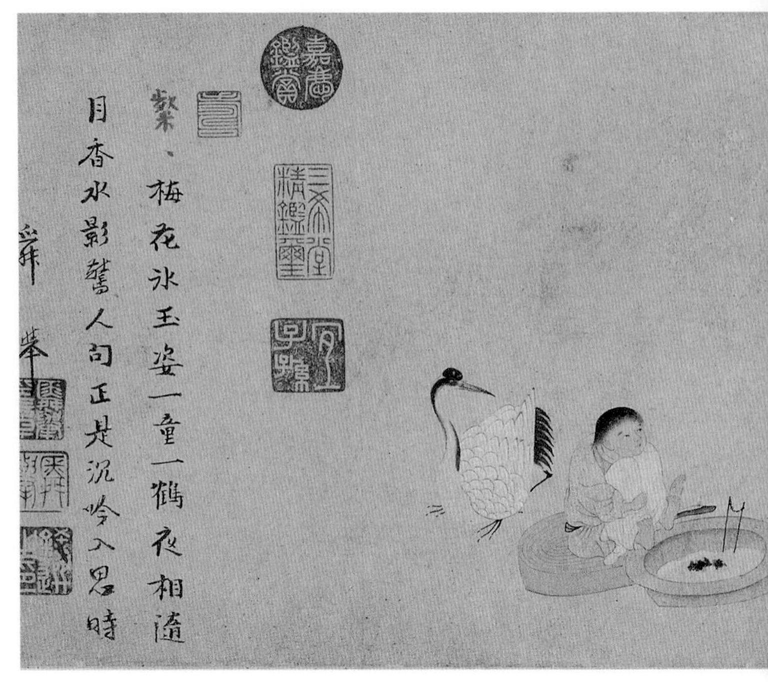

北宋時，有一位高士名叫林逋（967—1028），字君復。他自幼熟讀經史典籍，詩文書畫都有很高的造詣，曾寫出“疏影橫斜水清淺，暗香浮動月黃昏”的千古絕唱。但他卻生性淡泊，不喜做官，也不追求名利，隱居於杭州的西湖，在孤山上建了茅屋，過着悠閒自由的生活。傳說他一輩子沒有娶妻生子，是因為他深愛梅花與仙鶴，把梅當作了妻子，把鶴當作了子女。孤山的梅花在唐代已經很出名，經過林逋的吟誦，孤山賞梅更成了人們嚮往的風雅活動。他又時常駕着小舟遊覽西湖畔的寺廟，與寺中的高僧談禪唱和。這時如果有客人來拜訪，書僮就會把豢養的白鶴放出，林逋看見白鶴飛舞，便馬上回船來見客。

杭州的郡守薛映敬其人而愛其詩，常常來和他閒談作詩。連當時的真宗皇帝也聽說了他的事跡，特意詔告地方官要優待撫恤。認識林逋的人都認為這是個好機會，勸他藉此出仕，而他只是一笑了之。

林逋去世以後，有感於他高潔的品性，宋仁宗御賜謚號"和靖"，所以後世往往稱他"林和靖先生"。而"梅妻鶴子"也漸漸成為讀書人神往的一種人生境界，一種對清心寡慾，堅守自我品格的精神的讚美。

表現"梅妻鶴子"題材的藝術作品很多，繪畫、瓷器、漆器皆很常見，尤其以繪畫最具代表性。

54 西園雅集

犀角雕西園雅集圖杯

此杯為乾隆年間宮廷製品，使用了安南（今越南）進貢犀角仿製明代名匠尤通原作而成。外壁雕刻人物22個，或對談，或作書，或題壁，情態各異，表現的是西園雅集題材。內壁刻清高宗御題詩《題鏤角西園雅集杯》。

在中國古代，文人士大夫往往喜歡在為官從政之餘，組成各種小團體，進行沙龍聚會，北宋中葉，就有這樣一次活動，因參與的名士眾多、影響巨大，而為史籍所記錄，成了後世艷稱的文壇軼事。

那是由王詵在家中西園組織的一次宴飲，王詵娶了宋英宗的女兒，身為駙馬督尉，同時也是一位頗有藝術造詣的文化人，應邀參加此次聚會的人有當時文壇領袖蘇軾和他的弟弟蘇轍，"蘇門四學士" 黃庭堅、秦觀、張耒和晁補之，此外還有米芾、李之儀、李公麟、蔡肇、鄭靖老、王欽臣、劉涇以及高僧圓通、道士陳碧虛，共 16 人，均是一時之選，而且還涵括了儒、釋、道三教的傑出人物，非常具有代表意義。在大家詩酒唱和談禪論道之餘，王詵更提議由米芾作文，李公麟作畫，將這次盛會記錄下來，取名《西園雅集圖》。這就是"西園雅集"的來歷。

後人都認為此次聚會可以與著名的"蘭亭集會"相提並

論，於是景仰效法者很多，而《西園雅集圖》也成了一些畫家摹繪的對象，見於畫史的如南宋馬遠、劉松年，元代趙孟頫、錢選，明代唐寅、尤求、李士達，清代顧洛、丁觀鵬等名家，都創作過這個題材的作品，以至於“西園雅集”成為人物畫中常見的一個類型。

明清時期，工藝美術領域也明顯受到繪畫的影響，“西園雅集”與“竹林七賢”、“蘭亭集會”成為各類器物上最流行的題材。

55 夜遊赤壁

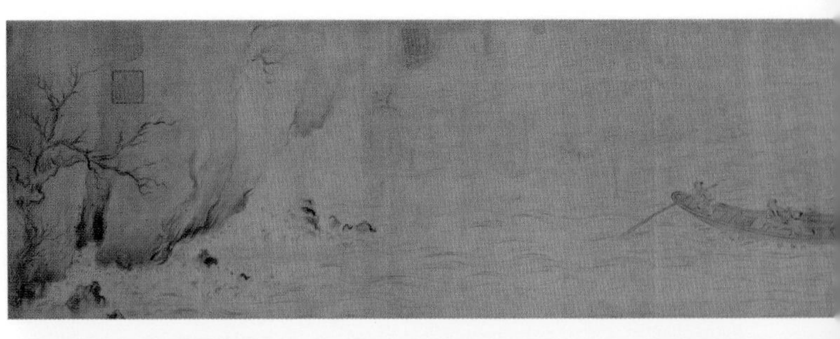

馬和之《後赤壁賦圖卷》（局部）

此圖為南宋畫家馬和之名作，以其獨特的「蘭葉描」筆法描繪了蘇軾與友人夜遊赤壁的情景。

趙構《後赤壁賦卷》

此書法作品為宋高宗趙構御筆，與馬和之畫作裝裱在一起，筆法精熟，功力極深。這兩件作品，足以見證蘇軾在當時及後世文學界的影響力和地位。

宋神宗即位以後，重用王安石進行變法，許多持不贊成態度的老臣都受到排擠，朝中權力鬥爭非常激烈，其間，蘇軾也因對王安石的某些變法措施持否定態度而被認為是“舊黨”。元豐二年（1079）新舊黨爭終於波及到了蘇軾，因“烏台詩案”，他被以“謗訕新政”的罪名逮捕下獄，後被貶到黃州當團練副使，這是一個遠離權力核心的閒職，無異於流放。

在貶遷黃州之後，由於職位低微，薪俸太少，蘇軾不得不帶領家人開荒種田，補貼家用。他也曾一度心灰意冷，感慨“小舟從此逝，江海寄餘生”。好在蘇軾天性樂觀，很快就恢復了過來。朋友資助他住到東山坡上的一間茅屋裏，他就自號“東坡居士”，並從此傳揚了開來。他又利用大量的清閒時間，到處遊玩賦詩，聽說此地有個赤鼻磯，是三國時赤壁古戰場的遺跡，他就約了朋友夜遊赤壁，這次遊覽給了蘇軾靈感，讓他寫出了千古傳誦的名篇《赤壁賦》，藉

對歷史變遷的感歎，抒發豁達自適、隨遇而安的人生感悟。同年十月，意猶未盡的蘇軾再遊赤壁，又寫下一篇《赤壁賦》，所以一般以“前”、“後”來區分兩篇賦文。此外，蘇軾還寫有《念奴嬌 · 赤壁懷古》詞，也與遊覽赤壁的經歷有關。不過，有意思的是，蘇軾所遊覽的赤壁卻不是真正的三國赤壁，這個有意無意的失察，卻使此地得到“東坡赤壁”的美名。

56 米癲拜石

剔黑拜石圖圓盒

這是一件明代雕漆盒，蓋面紅色錦地上以黑漆雕刻一長髯老者對一湖石焚香禮拜。

在北宋文人中，米芾（1051—1107）的名氣很大。在書法領域，他自成一體，位列“宋四家”；在繪畫領域，他與兒子米友仁共同開創了“米氏雲山”的風格，影響了後世文人畫的發展。不過，對於大多數人來說，他的名字恐怕還是與癲狂不羈的處事方式，及趣味橫生的逸聞軼事聯繫在一起的。

米芾的母親曾是宋英宗皇后高氏的乳母，他就憑這層關係踏上仕途，沒有家學淵源，也沒經過科舉考試。在士大夫圈裏，這樣的出身被視為“冗濁”，不僅沒甚麼升遷機會，還成了異類，遭到排擠。米芾的“癲”或許有部分出自天性，但也有相當程度是為了突顯自己的文人身份，強化與主流文人群體的關係而選擇的一種策略，也就是不乏“佯狂”的成分。

米芾的愛石、品石、藏石就反映了他的“癲”的多面性。宋代士林流行賞石，米芾是最癡迷的那一個。相傳“瘦、秀、皺、透”四字相石法就是他所發明。紹聖年間，米芾在漣水軍（今江蘇省漣水縣）任上時，搜羅了不少奇石，終日把玩，以致於荒廢了公務。按察使楊次公視察漣水時，曾嚴肅地對米芾說：“朝廷將這麼大的郡縣交給你，你怎麼能終日玩石頭呢？”米芾不慌不忙地從袖中取出一塊玲瓏的石頭，問道：“怎麼樣？”楊不理。米芾又取出一塊，楊依然不看。最後，米芾取出一塊精巧至極的石頭，對楊說：“這種奇石，誰能不愛？”這時楊次公忽然開口

道："並非只有你愛，我也喜歡。"說罷搶過石頭，登車離去。米芾因而免受失職之責。從這個故事裏，可以看出米芾的"癲"裏有慧黠的一面。

在無為軍（今安徽省無為縣）任上，米芾更為出格。他聽說濡鬚河邊有一塊非常醜陋的大石頭，便命人將其搬到寓所。當他看到那塊大石頭時，非常驚訝，立刻擺好供桌、供品，向怪石下拜，口中還唸唸有詞："我想見石兄已經二十年了，真是相見恨晚！"此事被傳了出去，米芾因有失體統而遭到彈劾，被罷了官。但他卻一點都不後悔，還作了一幅《拜石圖》。後來，詩人周紫芝打這兒經過，看到那塊怪石，很有感觸，就寫了首詩，有幾句說得好："喚錢作兄真可憐，喚石作兄無乃賢。望塵雅拜良可笑，米公拜石不同調。"

或許是因為米芾的"癲"裏流露的是他率真放達、不同凡俗的一面，因此被後世傳為佳話，成為詩歌繪畫中的經典題材。

57 文人皇帝宋徽宗

趙佶《聽琴圖軸》

此圖據說為徽宗親筆，撫琴者即趙佶本人，二位聽眾的身份還有爭議，一說着紅袍的就是蔡京。其畫風所代表的，正是徽宗倡導的典型的北宋院體人物畫風格。

北宋靖康元年（1126）的十一月，金兵一舉攻陷宋都汴京，太上皇宋徽宗趙佶和他的兒子欽宗趙桓都成了俘虜。翌年三月，徽、欽二帝，連同后妃、宗室、官員數千人，以及教坊樂工、匠人、珍寶等被擄掠至北方，汴京為之一空，北宋隨之滅亡。這就是歷史上的“靖康之難”。徽宗等人一路上受盡凌辱，當他聽說自己的九兒子趙構在五月即帝位以後，就日夜盼望着其能與金國交涉，將他們迎回中原，為此，他特意派大臣曹勳帶着自己的親筆信，偷偷逃回去傳遞消息。可惜，高宗滿足於“只把杭州作汴州”的偏安局面，更顧慮接回父親與兄長，會危及自己的皇位，便遲遲不肯就此表態。趙佶翹首盼了 9 年，最終於 1135 年死在了五國城（黑龍江依蘭縣），直到 1142 年骸骨才被運回臨安下葬。

趙佶個人的悲劇，乃至北宋王朝的滅亡，其實都是他自己一手造成的。他在位 25 年，完全不顧及國事與民情，只是想方設法滿足一己的奇思異想。為了營造延福宮和艮嶽，他下令建立專供皇室享用的“造作局”，集中幾千工匠，製造各種工藝品；又設“應奉局”，專門從東南各地搜羅奇花異石，用船輸送到開封，叫做“花石綱”。他信奉道教，自稱“道君皇帝”，建宮觀，設道官，給道士發放俸祿。有了荒唐皇帝，自然就滋生出蔡京、童貫、高俅、朱勔等奸臣，他們一面搜刮民財，迎合徽宗的肆意揮霍；一面把持朝政，賣官鬻爵，無惡不作，弄得民不聊生。可以說，徽宗統治時期是北宋政治最黑暗的階段。

與此同時，徽宗卻是一位風流絕代的藝術家。他善書，創造了“瘦金體”的新風格；工畫，有花鳥、人物、山水等多種作品傳世；詩詞俱佳，著作很多，可惜大多散佚；而音律、射御、蹴球、茶藝、園林等各種藝事，無一不精。同時，他廣收古物書畫，擴充翰林圖畫院，還令人編輯《宣和書譜》、《宣和畫譜》、《宣和博古圖》等書，對文化藝術的傳承起了積極的推動作用。後世評價他：“諸事皆能，獨不能為君耳！”可謂一語中的。

58 小紅低唱

任頤《人物故事圖屏》第二開

此圖為晚清海派畫家任頤所繪，表現松陰掩映下，姜夔與小紅弄棹陂塘，吹簫唱曲的散淡閒適生活。

科舉制度確立後，讀書人為求功名，改變命運，必須苦讀經典，以便在眾多競爭者中脫穎而出。面對蕭瑟的山齋，闃靜的永夜，他們渴望美麗而善解人意的異性的慰藉，“紅袖添香夜讀書”便成為其所嚮往的人生境界之一。可惜，舊日的婚姻不能自主，於是便有人營別室，訪名妓，覓知音，還有人編織才子佳人的離合故事，甚至讓那些“夜半來，天明去”的花妖狐鬼，來滿足自己隱秘的願望。這其中當然有些幸運者，不必藉助虛構，在現實生活中就得到了“紅袖添香”的神仙眷侶，“小紅低唱”就是這樣一個故事。

南宋詩人范成大晚年退居石湖，營造別墅，過起了優哉遊哉的閒暇日子。紹熙二年（1191）冬，一個飄雪的日子，忽然有客來訪。范成大一見喜出望外，原來來者是他的忘年之交姜夔。姜夔，字堯章，號白石道人，他的詞寫得非常好，而且善於吹簫，能自己作曲，很有才華，但卻沒有走上仕途，只是靠着賣字的微薄收入和朋友的周濟為生。此時，他剛剛“情場失意”，心情很是抑鬱，范成大便留他長住，盡力幫他排解，而冬天的石湖別墅別有韻致，也令白石流連。在一次宴會上，白石即席作詞，寫就《暗香》、《疏影》兩首絕唱。范成大讀罷，激賞不已，馬上叫出自家的樂工歌伎演唱，眾人都聽得如醉如癡。而白石卻發現歌伎中的一個少女色藝俱佳，范成大見狀，就將這個叫小紅的歌伎贈予白石。

轉眼到了除夕，依然是個雪天，白石攜小紅辭別范成大，返回湖州。當晚，船過吳江垂虹橋，小紅幽幽地唱起白石的新曲，白石也凝神吹響洞簫，船艙外萬籟俱寂，雪光清影，時間猶如靜止。後來，白石寫下《垂虹橋》詩一首：“自琢新詞韻最嬌，小紅低唱我吹簫；曲終過盡松陵路，回首煙波十四橋。”這“小紅低唱我吹簫”一句，使一位普通的女子流芳千古，提起白石，似乎就會想到小紅，想到那一歌一奏，淺斟低唱的動人場景。

59 倪瓚愛潔

剔紅洗桐寶盒　剔紅洗桐圖筆筒

這兩件清代中期的漆器，都採用了「倪瓚洗桐」的典故作為裝飾圖紋。用漆較厚，工藝精湛，具有較強的立體感。

倪瓚（1301—1374），初名珽，字元鎮，世居無錫，居處多喬木，故建堂名“雲林”，並取以自號。他是元代著名畫家，與黃公望、吳鎮、王蒙並稱“元四家”，對畫史影響深遠。不過，倪瓚之所以聞名於世，除去藝術成就外，還因為他突出的個性和令常人難解的種種怪癖，明人搜輯的《雲林遺事》記下了大量這方面的趣聞軼事。

據說，倪瓚生性好潔，不僅衣服每天要更換數次，居室、書房也必須時時打掃，一塵不染。他的書房門外有棵梧桐樹，他早晚讓人用水刷洗，結果竟把樹給洗死了。一次，有個客人留宿其家，他生怕客人弄髒屋子，夜裏幾次到屋外窺探，聽到咳嗽聲，心裏非常厭惡，第二天一早就命人仔細尋找有無痰跡。僕人找不到，就謊說痰吐在窗外

的梧桐樹葉上了，他叫僕人趕快把葉子剪下來，丟得遠遠的。母親生病，他想請醫術高明的葛仙翁來診斷，葛知道他有一匹珍愛的白馬，就故意要求騎乘那匹白馬，倪瓚是個孝子，只好同意，偏巧下起了大雨，白馬在泥濘中變得骯髒不堪。到了倪家，葛又要求上倪瓚的藏書樓"清閟閣"看看，並在裏面亂翻一氣，弄得到處是穢跡。從此以後，倪瓚沒再騎過那匹白馬，也終身不再踏進清閟閣半步。

面對元末紛亂時局，倪瓚曾慨歎"天地間不見一個英雄，不見一個豪傑。"割據江浙的軍閥張士誠之弟張士信向他求畫卻被拒絕，從此懷恨在心。後來，二人在太湖泛舟時相遇，張士信藉故痛打了他一頓，而倪瓚一聲也沒吭。事後有人問他，倪瓚回答："我和他一說話就俗了。"倪瓚的清高孤傲是骨子裏的，絕非沽名釣譽之輩所能模仿，他被後世文人所崇拜也就不足為奇了。

宗教傳說與神話故事

60 伏羲女媧

伏羲女媧像絹畫

此絹畫為新疆阿斯塔那唐代墓葬出土，畫中二神均人身蛇尾，與傳說中「伏羲鱗身，女媧蛇軀」的描述吻合，並相互螺旋式糾纏，有交尾之意，象徵陰陽結合化育人類。分別持「規」、「矩」，則表示他們確定天地方圓的造物主身份。

伏羲女媧是中國古代神話傳說中的創世神，具有非常重要的地位。伏羲是傳說時代“三皇五帝”之一。相傳其母華胥，是天帝之女，因在雷澤中踩到神秘的腳印而懷孕，生下伏羲。伏羲在燧人氏之後成為王，他教人們用繩子編織網罟，下水捕魚，上山捉鳥獸，豢養家畜。更為人所知的是他通過觀察天象地理的變化，總結規律，創造了代表天、地、水、火、山、雷、風、澤等自然現象的八種符號，稱為“八卦”，奠定了人們認識外部世界的根本方式和思維習慣，影響深遠。

女媧更是一位化生萬物的偉大神祇，傳說她一日之內就可以變化出 70 種不同的東西。在經過正月初一造雞，初二造狗，初三造羊，初四造豬，初五造牛，初六造馬之後，到了初七，她用黃土和水，照着自己的樣子，捏出了一個個小人，但這樣速度太慢，她扯下一根藤條，蘸着泥漿，隨手揮舞，甩出的泥點，落地都變成了人。這就是“摶土造人”的傳說。創造人類以後，女媧又煉石補天、斬殺黑龍、治理洪水，為人類的生存創造條件。但這些還不夠，為了讓人類種族延續下去，女媧還得教會他們婚姻之事，所以她被奉為歷史上第一個媒人，稱作“高媒”，進而成為婚姻繁育之神，得到廣泛祭祀。

談到繁衍人類，還有一種傳說：在很久以前，天地初分，大地上只有一對兄妹，他們就是伏羲和女媧。他們結合孕育後代，成為人類的始祖。這種兄妹通婚的傳說反映了原始社會人類的婚姻形態由群婚制向對偶婚制過渡階段的一種習俗。類似的傳說在中國很多少數民族中都有流傳。

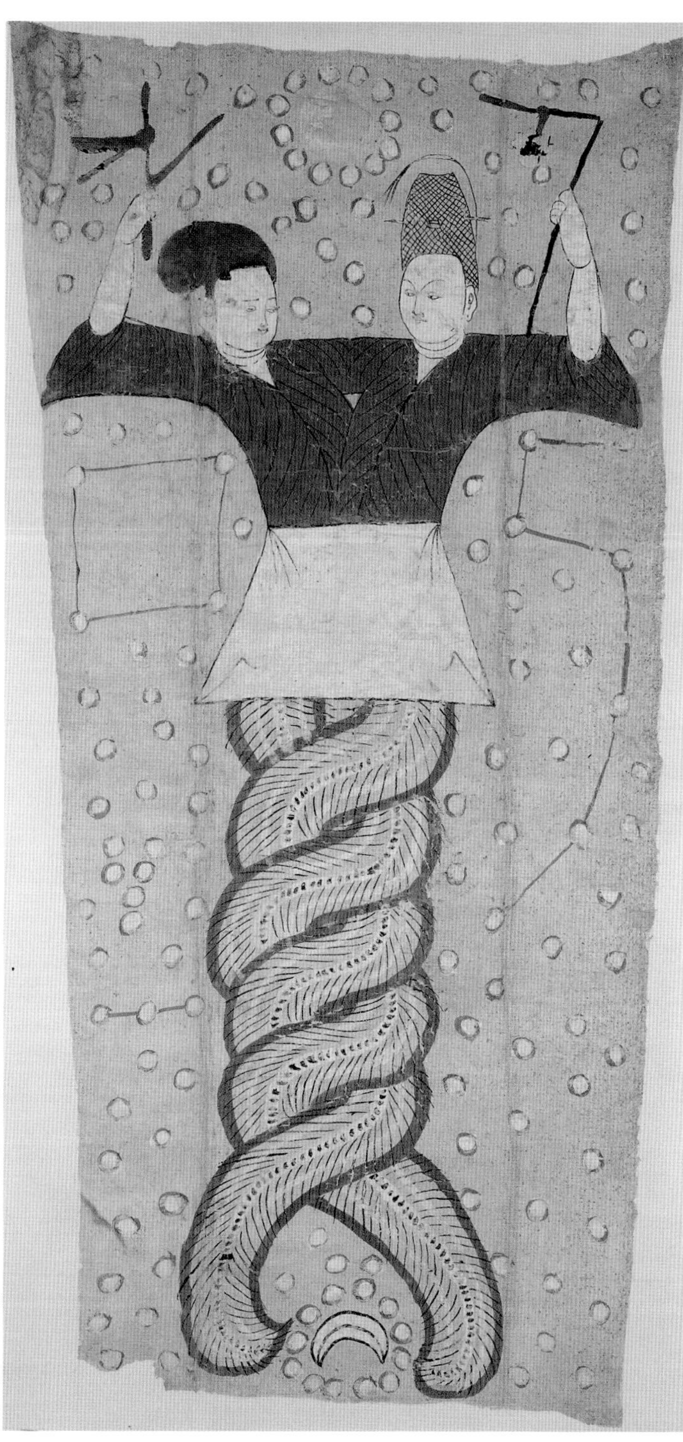

61 洞天問道

戴進《洞天問道圖軸》
本圖是明代浙派畫家戴進所繪，表現的是黃帝向隱居在崆峒山中的仙人廣成子求教的場景。

黃帝是傳說中的遠古帝王，華夏民族的始祖。據說他姓公孫，出生於軒轅之丘，所以號軒轅氏；又在姬水一帶成長，便又以姬為姓；在有熊建國，所以也稱作有熊氏；根據五行學說，他憑藉土德為王，土是黃色，所以叫黃帝……。還有一些帶有神話色彩傳說，如他是少典的後代，母親叫附寶，受雷電感應而有孕，懷胎 24 個月，生產時有各種祥瑞徵兆，出生不久就能說話等等。

黃帝生活的時代，中華大地上各部族間相互征伐，黃帝做了部落首領後，經過涿鹿之戰、阪泉之戰等大小 53 次戰役，誅殺蚩尤，降服炎帝，最終把各部族統一，自己也成為部落聯盟的首領。與此同時，他命倉頡造字，命妻子螺祖教人們養蠶紡織，親自創制各種制度、曆法，乃至種種工具與技術，所以被尊稱為“人文初祖”。據說堯、舜及夏、商、周的始祖都是他的後裔，黃河流域各民族把他

視為共同的祖先。

相傳黃帝在理政之餘，還常常尋仙訪道，他聽說有一位道行高深的神仙廣成子隱居在崆峒山，就不辭辛苦前去拜訪，被傳授仙籍，獲賜仙藥。黃帝在一百餘歲的時候，體悟到大道的精髓，便採首山之銅，於荊山下鑄九鼎，鼎成後，空中出現一條龍，黃帝乘龍飛升而去，這就是"鼎湖升天"的傳說。

黃帝是否真實存在，一直是有爭議的。對黃帝事跡的"編織"在戰國秦漢時期達到高峰，他先是被造就成一位賢明的帝王形象，進而成了聖人，其後又得道成仙，可謂集合了最高的人生理想。黃、老之術也被看作道教的重要來源，道教徒十分重視黃帝與老子的祖師地位，托名於黃帝的道教典籍很多，在道教宮觀中也常常有黃帝殿、軒轅祠等建築。

今天看來，黃帝大約是原始社會末期的部落聯盟首領，距今約五六千年。那時已經出現了文字，華夏民族正逐漸擺脫蒙昧，綻露出文明的曙光。

62 西王母

緙絲瑤池集慶圖軸

本圖為傳世罕見的明代大型緙絲畫，表現王母瑤池慶壽的勝景。尺幅巨大，設色華麗，技法多變，構圖散而不亂。

舊時每年農曆的三月初三，被民間認為是王母娘娘的誕辰，很多地方都會在這一天舉行盛大的廟會，俗稱蟠桃會。熟悉《西遊記》的人都知道，孫悟空曾在天宮看守過王母的蟠桃園，結果把仙桃偷吃得一乾二淨，還破壞了蟠桃宴。此外，在某些傳說中，王母娘娘還有不死藥，后羿求得此藥，卻被他的妻子嫦娥偷吃，獨自飛上了月宮。

在近世的小說戲曲裏，王母的形象都與此相仿，是個生活在天上的貴婦。不過，在早期的神話傳說中可是大不相同的，那時候，她還被稱為"西王母"。在古籍《山海經》裏，"西王母"掌管災疫和刑罰，住在崑崙絕頂上，長得半人半獸，亂髮蓬頭，一口虎齒，拖着豹尾，常常發出嚇人的吼聲。到了戰國時的《穆天子傳》中，西王母已經不是那副怪模樣，而像一位異族首領，在瑤池接待了駕八駿西遊的周穆王。西漢時，西王母信仰成為一種傳播很廣的社會風尚。相傳，漢武帝曾拜受西王母的教導，並得贈三千年一結果的蟠桃。這時的西王母又成了三十來歲的絕代佳人，率領數千神仙，儼然女仙領袖。

早期神話中西王母與長生不死觀念的聯繫，投合了道教的需求，所以西王母被道教吸收，附會為第一大神——元始天尊的女兒，眾女仙的最高領導者。同時，道教還不斷使其接近普通民眾的接受心理，日趨女性化與溫和化。

西王母的形象早在漢代畫像石中就已出現，但還帶有神秘色彩，到了宋代以後，特別是明清時期的各種繪畫及工藝品上，王母或蟠桃會的內容已經完全蛻變為一個含有祝壽之意的吉祥題材了。

63 洛水宓妃

顧愷之《洛神賦圖》（局部）
此畫是顧愷之名作的宋人摹本，但其畫法仍較多保留着顧氏原作的風神和六朝時期中國畫初具規模的特點。

相傳，上古時候，伏羲氏的女兒宓妃，來到洛河岸邊，愛上了這裏的美麗景色，就加入到當地人有洛氏當中，教會他們捕魚、狩獵、畜牧。宓妃的美貌和聰穎，引來了河伯的愛慕，他化成一條白龍，將宓妃搶去。這事被后羿知道了，他打敗了河伯，救出了宓妃。二人產生了感情，決定在洛河岸邊定居。後來，天帝封后羿為宗布神，宓妃為洛神。於是，這裏的百姓建起"洛神廟"，而洛水宓妃的故事也就這樣流傳了下來。

到了三國時，才高八斗的曹植寫了一篇《洛神賦》，以華麗的辭藻描繪他在洛水岸邊與洛神相遇的夢幻場景。其實，此賦表達的是曹植對一位死去的女子的思念，牽涉到曹植與嫂子，即魏文帝曹丕之妃甄氏之間一段隱秘的戀情。

甄氏本是袁熙（袁紹之子）的妻子。官渡之戰後，袁紹敗亡，袁氏家屬都落到了曹軍手上。曹丕一見到甄氏，就驚為天人，連手中的劍都落在地上。不久，他即娶甄氏為妻。婚後，甄氏謹守婦道，得到賢淑的美名，還生下一子一女。220 年曹丕廢掉漢獻帝，建立了曹魏。本來甄氏應為皇后的不二人選，但她卻被另一位覬覦此位的妃嬪郭氏誣陷，說甄氏以偶人詛咒曹丕，曹丕大怒，將其賜死，死時不過四十歲。

其實，曹丕與甄氏的感情早已淡漠，而曹植對這位美麗的嫂嫂卻一直心存好感，二人產生感情亦不足為奇。曹丕對此恐有耳聞，亦是造成甄氏被賜死的原因。據說，222 年曹植去洛陽朝見兄長，曹丕還故意將甄氏生前所用的玉縷金帶枕送給他，似含譏諷。在回程寄宿洛水的晚上，曹植夢見甄氏，醒來後柔腸百轉，於是寫成《感甄賦》。後來，這篇賦被魏明帝曹叡(甄氏之子)改成了隱諱的《洛神賦》，而甄氏也逐漸與宓妃融合，成為新的洛水之神。這篇纏綿的賦文啟發東晉大畫家顧愷之創作了不朽之作《洛神賦圖》。

64 麻姑獻壽

張路《麻姑圖軸》

本圖為明代浙派畫家張路所繪，圖中的麻姑身披獸皮，腰繫草裙，意在表明她是位遠古時代的仙女，也從另一個側面說明其長壽。

竹根雕麻姑獻壽仙槎

此槎為清中期作品，以竹根隨形雕成，麻姑頭綰雙髻，身着葉裙坐在船舷右側扳槳，另一女仙懷抱酒壇，坐在船尾的樹幹之上。與麻姑獻壽主題相呼應。

麻姑是一位民間喜聞樂見的女仙，是道教諸神譜系中的一員。麻姑成仙之前的經歷說法不一，有的說她是東晉孝武帝時人，好食魚，因誤吃了有毒的蛇肉，嘔血而死；也有的說她是唐代宮女，姓黎，名瓊仙，書法家顏真卿曾撰《有唐撫州南城縣麻姑山仙壇記》，詳載其事；還有的說她是十六國後趙將軍麻秋之女，麻秋以殘暴出名，當時婦女都用他的名字來嚇唬夜哭的小兒，但其女卻非常善良，

經常幫助百姓……凡此種種，不一而足。

仙人“麻姑”則最早見於東晉葛洪所著《神仙傳》，書中記載：東漢時，神仙王方平去拜訪朋友蔡經，還請來了麻姑——一位美麗的女子，看起來不過十八九歲的樣子，梳着高髻，餘髮垂到腰際，身穿光彩奪目的天衣，指甲像鳥爪似的。攀談之中，麻姑自詡曾親見東海三次變為桑田，蓬萊之水也比她初見時淺了一半，下次再去恐怕要化為陸地了。滄海桑田，不知要幾千萬年，而她竟已經見過三次，她的年紀簡直無法估算了。於是麻姑便成為長壽的象徵，與壽星地位相仿。後來，民間傳說三月三日為王母祝壽的蟠桃盛會上，麻姑獻以絳珠河畔靈芝釀成的美酒作禮物，這就是“麻姑獻壽”的來歷。

正因為麻姑象徵長壽，所以在民間不斷被演繹傳說，到了明代即有畫家作“麻姑獻壽圖”，作為壽禮。其形象大多為少女，手托仙桃、佛手或酒壺，身邊有鶴、鹿為伴，並有青松、福海為背景。一般而言，送給女性長者的為麻姑形象，而送給男性的則是南極仙翁。

65 紫氣東來

佚名《老子授經圖卷》

此圖為元代作品，蒼松之下，老子披髮長髯，手執羽扇，坐於榻上，身後小童捧書侍立，關令尹喜跪於榻前接受教誨。（亦有說下跪者為孔子，此圖表現的是孔子見老子的情形。）

春秋時期，函谷關（在今河南靈寶縣境內）有一位守關的令尹名叫喜，他好修道問卜、神仙方術。喜還曾經結草為樓，觀測天象，稱作“草樓觀”，被後來的道教徒說成是道觀的雛形。有一天，喜觀測天象時，發現有一團紫氣正從東方徐徐而來，他知道這預示着將有聖賢經過，趕緊準備迎接。果然，不久後，一位身跨青牛的白鬚老者來到函谷關，此人就是老子。關令尹喜謙恭地向老子請教，並且一再請求他將自己的思想記錄下來，於是才有了輝映後世的《道德經》五千言。老子留下了著作，辭別了關令尹喜，西出函谷關而去，從此不知所終。

老子在《道德經》中首先提出了“道”的概念，並把它作為宇宙的本體，進而強調“自然無為”的天道觀和“知足”、“寡慾”的人生觀，主張回復到遠古的社會狀態。《道德經》整部著作充滿了樸素的辯證思想，探討了很多其他古代論著較少關注的形而上問題，在哲學、政治、人生諸方面，都對中國古代思想界產生了重大影響。

正是由於老子思想的深邃博大，後人把他看作道家學派的開創者。東漢末年，道教興起，將他尊為祖師——太上老君，並把《道德經》奉為主要經典。到了唐代，李姓統

治者更因老子姓李名耳，而將其認作祖先，封他為"玄元皇帝"，道教也幾乎成了國教。不過，這時候的老子已蛻化成一位宗教信仰中的神祇，與歷史的真實沒有太多關聯了。

66 干將莫邪

任頤《干莫煉劍圖軸》

此圖為晚清海派畫家任頤的作品。重點刻劃煉劍場景，干將只見背影，莫邪憂心忡忡，截取的瞬間生動傳神。

傳說在春秋戰國時期，楚國有一位聞名天下的鑄劍師干將，他花了三年時間為楚王鑄造出一對寶劍，分別用自己和妻子的名字"干將"、"莫邪"來命名。干將知道楚王暴虐，只要得到寶劍，一定會把鑄劍人殺掉，免得將來有更好的劍鑄出。而妻子已經懷孕，自己不能逃走。思前想後，干將對妻子說："我這一去恐怕再難相見。我將一把劍埋在南山的大松樹下，等咱們的孩子長大了，讓他替我報仇。"果然，楚王見干將只獻上一把寶劍，勃然大怒，立刻下令將他殺了。

不久以後，莫邪生下一個男孩。這男孩生有異相，眉間寬闊盈尺，取名赤比。一晃十幾年過去，莫邪含辛茹苦，將赤比撫養成人。自從知道了父親的不幸，赤比發誓找楚王報仇。他將寶劍挖出，日夜苦練。與此同時，楚王接連夢見一個眉間盈尺的少年提着寶劍來殺他。他害怕極了，下令在全國通緝此人。聽到風聲，赤比只得逃進深山。眼看報仇無望，他每天以淚洗面。眼淚流乾了，哭出來的都是鮮血。這時，一個俠客經過這裏，問清情況後，答應替他報仇，但條件是拿他的頭顱和寶劍作為接近楚王的籌碼。赤比二話不說，揮劍將自己的頭割下，而屍身竟然挺立不倒。俠客對着赤比的屍身拜了三拜，說："我必殺楚王！"赤比這才撲地而亡。

俠客獻上赤比的頭，得到了楚王的接見。俠客說："大王，您要將他的頭煮爛，他的鬼魂才不會來傷害你。"楚王叫人架起大鍋，煮了三天三夜，赤比的頭還是沒有爛。俠客又對楚王說："您必須近前來看一看。"楚王就親自走到鍋旁，探着腦袋朝裏看。說時遲那時快，俠客將暗藏的寶劍抽出，把楚王的頭斬落鍋中。衛士們大驚，趕忙上前捉拿刺客。俠客哈哈大笑，手起劍落，把自己的頭也砍落鍋裏。眾人圍上來看時，赤比與俠客的頭正追着楚王的頭咬嚙。有人想要將頭撈起，結果三顆頭顱霎時煮爛，再也分辨不清。於是，人們只好將三頭合葬，稱為"三王墓"。

干將莫邪的故事版本很多，《吳越春秋》、《搜神記》都有演繹，其驚心動魄的情節與反抗暴政的慘烈，都是中國古代小說中不多見的。後世引用，往往只是將其作為寶劍的代稱，而很少涉及其精神內涵。

67 吹簫引鳳

仇英《人物故事圖冊》第三開

此圖為明代吳門畫家仇英所繪，畫中仕女作唐妝，形象秀麗，衣紋鐵線描，細勁流暢，表現出作者深厚的藝術底蘊。

相傳春秋時，秦國的國君秦穆公有個美麗的女兒叫弄玉，她擅長吹奏洞簫。可惜，宮苑深鎖，無人解音，在父親為她修建的“鳳樓”上，斷續傳出的簫聲，動聽中總有幾分寂寞。一天晚上，弄玉吹着心愛的樂曲，漸漸入神。恍惚中，她似乎聽到夜空中響起一縷簫聲，正與自己合鳴。當晚，弄玉夢見了一個英俊的少年吹簫而來。少年對弄玉說：“我叫蕭史，住在華山。我很喜歡吹簫，因為聽到你的吹奏，特地來和你合奏一曲。”弄玉醒來後，就再也不能忘懷那位夢中少年。

秦穆公發現了女兒的心事，就派人到華山去尋找，果真找到一位名叫蕭史的少年，而這少年與弄玉夢中所見竟然一模一樣。於是穆公就給他們完婚，婚後二人非常恩愛，每天一起以洞簫合奏。慢慢的，蕭史將自己的技藝都傳授給弄玉，他們的合奏越來越默契，吹奏的樂曲優美得不是人間所能聽聞的，以至於連鳳凰都棲止於樓頂，來諦聽好音。後來，夫妻兩為了精研技藝，竟不辭而別，沒有人知道他們的下落。人們都說蕭史本就是位仙人，他被弄玉對音樂的執着所感，所以特來點化她，二人乘龍跨鳳往仙界去了。

為了紀念他們，後人在華山明星崖建了“引鳳亭”和“玉女祠”。而這個美麗的仙凡愛戀的故事，也成了後世藝術家喜歡演繹的題材。

68 毛女

佚名《毛女圖軸》

此畫為明代作品，畫中人挽髻赤足，以草葉結為披肩，毿毿如「毛」，其特徵與已知的《毛女圖》一脈相承。

中國古代的神仙信仰在秦漢時已相當盛行，《列仙傳》是現存最早的一部專門記載神仙事跡的著作，舊題西漢劉向所撰，顯然是偽托，但其成書年代不會晚於漢魏之間。書裏輯錄了先秦以來流傳的神話傳說，對後世的道教思想及民間信仰都有很大的影響。關於"毛女"的記載就是其中流傳最廣、變異最多的傳說之一。

相傳秦朝覆亡時，宮女玉姜逃入華陰山中，遇到了一個名叫谷春的道士，同情她的遭遇，教她服食松葉充飢。慢慢地，玉姜不再感到飢寒，身體上生出了一層毛髮，體格變得輕盈，似乎能夠飛起來似的。一晃一百七十餘年過去了，一代代獵人在山中看見她，還有人在她居住的山洞外聽到過彈琴歌唱之聲："婉孌玉姜，與時遁逸。真人授方，餐松秀實。因敗獲成，延命深吉。得意岩岫，寄歡琴瑟。"

"毛女"傳說包含了隱遁、遇仙、服食、長生、飛行等重要的神話元素，更值得關注的是，它提供了一個在父權和夫權制度下不常見的女性成仙的原型模式。因此，它不斷被後人加工、改造、重塑，從而形成了一個綿延不斷的故事系列。比如，在有的描述中，"毛女"最終由仙還俗；在另外的描述中，"毛女"身邊多了個"毛男"丈夫；還有的描述給"毛女"增添了預知吉凶等神通。面對林林總總的"毛女"故事，現代民俗學家將其概括為一個基本主幹：1、一個姑娘為躲避災禍而逃跑；2、她在森林中靠吃松葉過活，全身長滿了毛；3、她因此能飛；4、她被誘使吃了人的食物，褪去了毛，也不再會飛。

"毛女"傳說的生命力，不僅體現在它成為後世文學創作的母題，而且在繪畫與工藝美術中也是常見的題材。明代書畫著錄《珊瑚網》中，記錄了不少唐宋畫家所繪的"毛女"作品，可惜都已散佚。不過，近年山西應縣佛宮寺釋迦塔出土了一件遼代《毛女圖》，而在山西壺關縣上好牢村宋金墓葬一號墓也發現了相似構圖的壁畫。或可為之佐證。在工藝裝飾領域，則以江西德安出土的宋代銀鎏金簪首上所見為最早。此後，在金銀器、瓷器上，"毛女"題材一直流行不衰。 這些"毛女"以端麗的青年女性形象為主，多提竹籃、拈靈芝，木葉為裳，赤足而行，"毛"的特徵往往通過皮毛似的披肩來體現，並無《列仙傳》中"無衣服，生黑毛"的陋容。

69 八仙過海

緙絲八仙圖軸

此為元代緙絲作品，描繪八仙環拜空中的南極仙翁，人物輪廓鮮明，容貌古拙，是傳世早期緙絲中的精品。

粉彩群仙祝壽圖瓶

此瓶為清代道光年間製品，瓶腹通體繪八仙等神仙人物，襯以亭台樓閣、海水仙山，一派仙界景象。

八仙是家喻戶曉的民間俗神，自唐以來，說法頗多，按元明以來的通常說法，他們是鐵拐李、鍾離權（漢鍾離）、藍采和、張果老、何仙姑、呂洞賓、韓湘子、曹國舅。

八仙並非同時代人，有的在歷史上確有其人，有的則純粹是傳說人物。他們之間的關係也很複雜，有的很密切，據說鍾離權得道較早，點化過呂洞賓、藍采和等人，但也有的經歷並無明顯交集。男女老少，貴賤文野，都包涵其中。可以說，八仙各具特點，又以群體的面貌出現，迎合了普通民眾的心理：各個階層、年齡、性別都可以找到與之相稱的神祇，突出反映了中國民間信仰的特點——明顯的功利性與世俗性。

關於八仙的故事，最膾炙人口的無疑就是"八仙過海"了。這個故事最早見於元雜劇，後在明人吳元泰著《八仙出處東遊記》中有更詳細的演繹。話說八仙在王母娘娘的壽筵上喝得酩酊大醉，辭別後，行至東海之濱，藉着酒興，各自施展神通，腳踏法寶，乘風破浪，鐵拐李用葫蘆、鍾離權用芭蕉扇、張果老用漁鼓、呂洞賓用寶劍、何仙姑用荷花、韓湘子用簫管、曹國舅用玉板、藍采和用花籃。正當他們興高采烈時，卻引來了覬覦寶物的東海龍王之子，他興風作浪，擄走了藍采和與法器。其餘七仙大怒，直搗龍宮，斬殺龍子，四海龍王齊來應戰，仍不是對手，戰事鬧得天庭震動，後經太上老君、如來和觀音的調停，龍王釋放藍采和並交還諸仙法器，才算停戰。

八仙過海的故事人物眾多，場面熱烈，而且與慶壽活動緊密相關，十分符合民眾的審美，故逐漸演化為帶有吉祥含義的典故，頻繁地出現在各種藝術品中。有意思的是，明清時期的工藝品紋飾中還流行一種"暗八仙"，即只表現八仙的法器：葫蘆、扇子、玉版、荷花、寶劍、簫管、花籃、漁鼓，不刻畫人物，含義相同卻拓展了紋樣的適用範圍。

70 鐵拐李

黃楊木雕鐵拐李

這件晚明的木雕鐵拐李刻工細膩，線條流暢，生動傳神。

在八仙傳說中，鐵拐李隱隱然有領袖風範，但他的來歷卻是混亂不清的，說法有六七種之多。有的說他名李凝陽，春秋時隨老子學道；有的說他名李孔目，為西王母點化後，度漢代將軍鍾離權成仙；有的說他叫李洪水，隋朝時在市鎮乞討，後擲杖為龍，乘而仙去；還有的說他名李元中，唐開元、大曆年間在終南山修道；而在元雜劇《呂洞賓度鐵拐李嶽》中，又將他的名字改為李嶽。在這種種說法中有一個借屍還魂的傳說最具戲劇性，也最為人所熟知。

相傳，鐵拐李姓李名玄，本是一位相貌堂堂的修道者，拜太上老君為師，為半仙之體。有一次，他遵從師傅的召喚，準備跟隨老君和宛丘二位仙長神遊華山，臨行前他囑咐自己的弟子要悉心看護肉身，如果過了七天，自己的元神還未歸來，便可將肉身焚化。說罷運功使元神出竅，飄然而去。弟子寸步不離地守護到第六天，忽然家裏來人說他母親病重，想見他最後一面。弟子坐臥不寧，堅持到第七天的中午，還不見師父元神歸來，左思右想，終於還是將李玄的肉身火化了。

哪知不久以後，李玄神遊回轉，卻找不到肉身，正急切間，看到附近倒臥着一個乞丐的屍體，無奈之下，只好暫借他的軀殼還魂，臨水一照，發現自己成了黑臉蓬頭、鬈鬚巨眼、袒腹跛足的樣子，這才猛然醒悟，自己辭別師父時，老君所唸的偈語：“欲得舊形骸，正逢新面目”中早就已指明玄機。這時，忽聽背後有人鼓掌大笑，回頭一看，正是老君。老君贈他金箍、鐵拐等法寶，李玄就以這副新面目，往來世間，點化世人。

71 張果老與唐明皇

任仁發《張果見明皇圖卷》
此圖為元代畫家任仁發所繪，描繪張果率弟子謁見唐玄宗的場景。

作為八仙之一，張果老其實是由真實的歷史人物演化而來的。他本是唐代道士，原名張果，因自稱生於堯時，而被人們尊稱為“老”。唐初他隱居恆州中條山時，盛傳他已得道成仙，長生不老。唐太宗、高宗、武則天都慕名徵召過他，卻被他婉拒。

唐玄宗時，多次傳召，終於將他請到宮中。玄宗見張果老態龍鍾，不像能長生不老的樣子，十分失望。張果笑着說：“我歲數大了，髮疏齒缺是自然的，不過把它們拔去，照樣可以長出新的。”於是親自動手拔去白髮，打落牙齒，過了一會兒，烏髮皓齒容顏一新的張果就出現在皇帝面前，玄宗驚訝不已，連忙賜飲，張果說：“老臣量淺，但我有個弟子能飲一斗。”玄宗傳命召見，張果隨手一招，一個小童從簷間跳下。喝到一斗，張果故意出言阻止，玄宗

卻繼續賜酒，忽見小童頭頂湧出酒液，帽子掉在地上，翻身化作一個金榼，眾人才知道張果將集賢院的金榼變成小童，而這隻金榼恰好只容一斗。玄宗問身邊的術士葉法善：“張果到底是甚麼來歷？”葉法善說：“臣知道卻不敢說，一說必死，除非陛下親自替我求情。”玄宗允諾。葉法善說：“他是天地還處於混沌狀態時的一隻白蝙蝠精。”說罷，撲地而亡。玄宗趕忙去懇求張果，張果說：“這小子多嘴多舌，洩露天機，該治治他。”玄宗一再求情，張果才以水噴面，使葉法善復活。自此，玄宗非常寵信張果，授他官職和封號，但張果已經決定請辭回山。回去後不久，他就逝世了，人們都相信他已屍解成仙（道教認為修行的人可以遺棄肉體靈魂升仙）。

經過後世各種藝術加工，張果老就成了倒騎毛驢，手持漁鼓簡板，仙風道骨的經典形象。據說他的毛驢日行萬里，不騎的時候還可以像紙那樣摺疊起來。其實，這是從宋代落拓詩人潘閬倒騎毛驢的行為中得到的靈感。

72 十二生肖

青玉十二生肖

這套青玉圓雕十二生肖俑，製作於清中期，生肖高約三、四厘米，均作獸首人身，形象仿自隋唐生肖俑，但已被納入此時期的吉祥題材之中。

提起十二生肖，多數人會想到自己的"屬相"，還有人會想到曾掀起拍賣熱潮的"圓明園十二生肖銅獸首"……但如果追問一下，生肖產生的原因是甚麼？起源於何時？來自哪裏？為甚麼是十二個？何以要選這幾種動物？排序的依據是甚麼？知道的人怕就不多了。

我們先從"十二"這個數字說起。古人很早就發現，月亮圓缺十二次差不多就是一年，而歲星（木星）運行十二年剛好為一周天，所以他們將"十二"視作"天之大數"。在文字沒有出現以前，很可能曾有一個"物名紀月"的時期，人們用具體的動物名稱標記月數次序。文字產生後，才選取與物名有關的文字來替代，這就是十二地支：子、丑、寅、卯、辰、巳、午、未、申、酉、戌、亥。十二地支又與十天干，即甲、乙、丙、丁、戊、己、庚、辛、壬、癸相配組成六十甲子，循環往復，不但可以紀月，還可以紀日、紀年，從而形成了中國曆法的基石。

到了戰國時代，陰陽五行學說興起，當時的數術家們已不了解地支的本義，只是將其當做抽象的紀時符號，為了更生動地解釋自然現象、推算禍福吉凶，他們又推衍出十二生肖來與地支配屬。可以說，十二生肖是早期自然科

學與命理占卜學說的混合體。至遲在東漢時期，十二生肖就定型了。魏晉南北朝時，生肖開始人格化並代指人的生年。隋唐以後，生肖文化逐漸流傳到韓、日、越南等周邊國家。

有的學者曾提出生肖來自古巴比倫的黃道十二宮或古印度的十二神獸，但大多數學者相信它是本土智慧的結晶，是經過數百年甚至更長時間不同文化的融匯影響後，才最終形成。

至於生肖動物的選擇，既包括人類早就馴化的“六畜”，也不乏與人們生活有緊密聯繫的鼠、兔、虎、蛇，以及作為想像動物代表的龍，均是近取諸身遠取諸物的結果。而語言學家的研究表明，生肖的選取還可能與十二地支的字義有密切的關聯。關於生肖的排序，古人將晝夜十二時辰與生肖動物的習性聯繫起來，可備一說。而民間故事中的種種，才更為人所熟知。

十二生肖作為宗教、文化、習俗的載體，在造型藝術領域也是重要的題材。生肖俑就是其中值得關注的一類。生肖俑最初見於南北朝墓葬中，唐宋墓裏開始大量出現，宋以後逐漸消失。早期形態以動物原形為主，後演變為立姿或坐姿的獸首人身形象，再後來也常有將生肖動物點綴於人物不同部位的情況。

73 二十八宿

佚名《摹梁令瓚星宿圖卷》

這幅畫是南宋人對唐代畫家梁令瓚原作的摹本，從中可以看出二十八宿形象在唐代已經初步形成。

在《西遊記》裏，有孫悟空請昴日星官變成公雞降服蠍子精；有角木蛟等協助悟空追擊犀牛精；還有奎木狼下界變作黃袍怪等情節。據小說交待，他們都是天庭神將"二十八宿"中的成員，這個"二十八宿"與中國古代天文學中的"二十八宿"觀念有甚麼樣的關係呢？

二十八宿的觀念出現得很早，至遲在戰國時期已經成熟，是古代天文觀測家劃分的一種星群系統，用來量度日月等天體運行的位置，從而確定四時，安排農事，同時，也是占星術的重要根據之一。我們知道，雖然地球圍繞太陽公轉，但從人的直觀感受上來說，則彷彿太陽在天空中移動，經過一年正好移動一周回到原位，這條移動的路線就

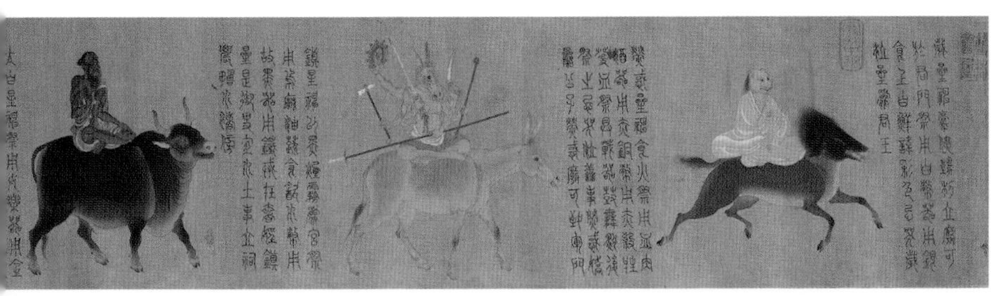

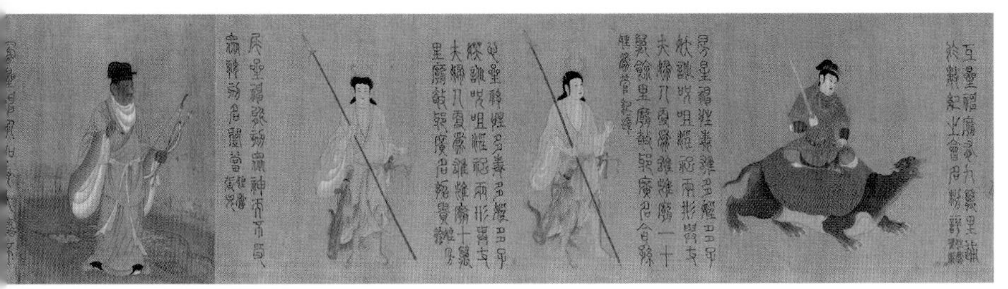

被稱為“黃道”。而月亮以及金、木、水、火、土等行星運行的路線也都在黃道附近，所以這一片星空就顯得格外重要。為了觀測記錄方便，古人以移動更為明顯的月亮為標準，取其在恆星背景上走一圈的時間 —— 27 天多 —— 的約數，將這部分星空分成二十八個區域，就成了“二十八宿”，所以“宿”有“停留”、“居住”的意思。而二十八又剛好可以均勻地分成四份，與東西南北四方搭配起來，後來還把星群組成的形狀與青龍、白虎、朱雀、玄武“四象”附會在一起，這樣就固定為東方蒼龍七宿：角、亢、氐、房、心、尾、箕；西方白虎七宿：奎、婁、胃、昴、畢、觜、參；南方朱雀七宿：井、鬼、柳、星、張、翼、軫；北方玄武七宿：斗、牛、女、虛、危、室、壁。

到了唐代，道士袁天罡將二十八宿與傳統觀念中的“七曜”（木、金、土、日、月、火、水）及二十八種動物（包含十二生肖）相配，形成了一種新的組合：

東方青龍：角木蛟 亢金龍 氐土貉 房日兔 心月狐 尾火虎 箕水豹

西方白虎：奎木狼 婁金狗 胃土雉 昴日雞 畢月烏 觜火猴 參水猿

南方朱雀：井木犴 鬼金羊 柳土獐 星日馬 張月鹿 翼火蛇 軫水蚓

北方玄武：斗木獬 牛金牛 女土蝠 虛日鼠 危月燕 室火豬 壁水㺄

以此為基礎，道教將二十八宿吸收為護法神，並虛構出其獸首人身的形象，乃至服色、職能等，供信徒膜拜。

74

文昌帝君

衣線繡文昌出行圖軸

這件明代刺繡品繡文昌帝君出行途中小憩的情景，他身旁的兩個小童，一名天聾，一名地啞，據說因文昌主祿命，故安置聾啞人為侍，以示天機不可洩露。

文昌帝君是道教及民間信仰裏掌管士人功名祿位的神祇。文昌，本是星名，亦稱文曲星，或文星，即北斗七星的天權星，位置在斗魁之上，古時星相家將其看作主持富貴文運的星宿。在《水滸傳》第一章開篇即言道："端的是玉帝差遣紫微宮中兩座星辰下來，輔佐這朝天子：文曲星乃是南衙開封府主龍圖閣大學士包拯，武曲星乃是征西夏國大元帥狄青。"而文昌的人格化並被封為帝君，則是與另一神祇"梓潼神"合流的結果。

梓潼神名張亞子，又作張堊子，或張惡子，原本是地方神，蜀人又將東晉年間起義領袖張育的事跡附會到他身上，兩祠合祀於七曲山。安史之亂時，唐玄宗逃往四川，途經七曲山，有感張亞子的英勇，追封他為左丞相。後來，唐僖宗避黃巢起義入蜀，也在七曲山親祀梓潼神，封其為濟順王，並贈以佩劍。

宋時，真宗、高宗、光宗、理宗分別追封其為王，並大修梓潼神廟。隨着科舉制的發展，在民間則流傳起他庇佑士人中舉的傳說，使其逐漸成為讀書人的保護神，其祠廟在南宋末年已廣泛分佈於各州府。同時，道教的影響也不可忽視。在道教教義裏，早就有文昌信仰，而又不失時機地吸收了梓潼神，說他生於周初，後經七十三代，西晉末降生蜀地，即張亞子，還說玉皇大帝命其掌管文昌府和人間祿籍等。到元仁宗延祐三年（1316），朝廷終將張亞子封為"輔元開化文昌司祿宏仁帝君"，梓潼神與文昌正式合二為一，稱作文昌帝君。

元明以後，對文昌帝君的奉祀更為普遍。一些書院和私塾都供奉文昌神像或神位，各地也都興建文昌宮、文昌閣或文昌祠。每年二月初三日為文昌帝君誕辰，官府和士人要到文昌廟奉祀，還要舉行"文昌會"，相沿成俗。

75 魁星點斗

象牙雕魁星

這件晚明時期的象牙雕魁星，具有明清時期魁星形象的典型特徵，是同類題材中的代表作。

在科舉時代，通過參加考試以求仕進，幾乎是讀書人唯一的晉身之階，所以衍生出很多吉祥用語，如“登龍門”、“獨佔鰲頭”等等，這其中“魁星點斗”的說法，非常流行。

民間傳說，魁星原是一位讀書人，連續三次在科舉考試中取得“連中三元”的佳績，卻都因貌醜而被黜退，他萬念俱灰，投水自盡，感動天神，命大鰲將其救起，升上天庭作了司職人間文運的神祇。

傳說就是傳說，只能姑妄聽之。魁星的出現，很可能最早來自於奎星崇拜。奎星是二十八宿之一，西方白虎七宿中的第一宿，共 16 顆星。古人認為其形狀“屈曲相鈎，似文字之畫”，所以至遲在漢代就有了“奎主文章”的說法，當時的秘書監也被作“奎府”。後來因為“魁”與“奎”同音，又有“首”的含義，逐漸混用，到了宋代“魁星”已經廣為人知，“奎星”卻沒有人提了。

魁星信仰在民間有很廣泛的影響。舊時相傳七夕之夜是魁星生辰，讀書人要以狗頭祭拜魁星，並置酒宴飲，稱“魁星宴”。而以魁星閣、魁星樓為名的建築遍佈各地，這其中自然要供奉魁星像，但魁星的形象從何而來呢？有人從組成“魁”字的“鬼”和“斗”中得到靈感，創造出一個赤髮藍面的鬼面人物，他右足獨立，左腿後翹如鈎，一手捧斗，另一手執筆，似在用筆點定中試者的名字，這就是“魁星點斗”的來源。明清時，常常將魁星點斗、獨佔鰲頭融合在一起，使魁星立於鰲頭之上，而鰲的形象頗似鯉魚，這大概是把獨佔鰲頭和鯉魚躍龍門的傳說又互相揉合的結果。

76 南極仙翁

呂紀《南極老人像軸》

此圖為明代院體畫家呂紀唯一一件人物畫作品，以水墨為主，略施色彩。人物、山石主宗南宋院體，竹、鹿、花鳥刻畫較工細，呈本色面貌。

緙絲加繡三星圖軸

此圖為清代乾隆年間織繡品，採用了「緙繡混色」工藝，畫面中福、祿、壽三星相聚，寓意吉祥，在明清時期工藝品中頗為常見。

在醫學還不夠發達的古代，祈求神祇保佑自己延年益壽是人類基於本能的一種良好願望。而在這些神祇中，壽星無疑是最著名的，他隆額長眉、笑容可掬的形象也最是深入人心。

顧名思義，壽星是經歷古代星宿崇拜人格化和通俗化的過程才形成的。關於壽星的來歷，有二種說法。一說"壽星"指二十八宿中的角、亢二宿，為東方七宿之首，排列在眾宿之前，為"列宿之長"，所以就成了"壽星"。另一說"壽星"即"南極老人星"，是天狼星東南的一顆大星，它不但顯示人的壽命，還預示國家的命運：老人星出現，天下安定，隱沒，天下大亂。也正因為壽星與南極老人星的聯繫，所以後來他又有了南極仙翁的稱呼。

自周、秦以降，歷代都將祭祀壽星納入國家祭典的範圍，在唐代以前祭的主要是南極老人星，而到了唐代，前述二說逐漸融合。這種國家級祭典直到明代才取消，但卻已奠定了壽星信仰的深厚基礎。在民間的通俗藝術中，壽星開始作為一位善神反覆出現，壽星的形象，也在這個時期定型為大頭、短身、白鬚、白眉的慈祥老者樣貌，並常持龍頭拐杖，手捧仙桃或靈芝，乘於白鶴或仙鹿之上。這時，還出現了將壽星與福星、祿星組合起來的福、祿、壽三星形式，象徵着福氣、官運和長壽，涵蓋了普通人夢寐以求的各種願望，在民間受到廣泛的歡迎。

77 牛郎織女

灑線繡鵲橋相會圖經套

這是一件以10餘色絨線、撚金線繡成的經書包套，是明代織繡精品。畫面表現的正是牛郎織女鵲橋相會的典故。

牛郎和織女的愛情故事，在中國流傳久遠，家喻戶曉。它和“孟姜女”、“白蛇傳”、“梁山伯與祝英台”並稱為“四大民間傳說”。

“牛郎織女”傳說最初可能與先民的星辰崇拜有關。在夏季的夜空中，人們很容易觀測到明亮的恆星“牛郎（牽牛）星”與“織女星”，它們分別位於銀河的東西兩側，隔河相望。“牛郎星”又名河鼓二，是河鼓三星中最亮的一顆，屬於現代天文學意義上的天鷹座；“織女星”則屬於天琴座，在它的旁邊有四顆小星，組成的圖案好像織布的梭子，因此被形象地附會為紡織的女子。“牛郎星”與“織女星”的得名顯然來自古代農耕社會中男耕女織的生產方式，是早期農業經濟出現前後的社會生活和原始宗教思想的反映。

“織女”、“牽牛”二詞見諸文字，以《詩經・小雅・大東》篇為最早。二者在詩中只是星座的名稱，並沒有甚麼關係。到了東漢時期，無名氏創作的《古詩十九首》中有一首寫道：“迢迢牽牛星，皎皎河漢女。纖纖擢素手，札札弄機杼。終日不成章，泣涕零如雨。河漢清且淺，相去復幾許？盈盈一水間，脈脈不得語。”這裏面的牽牛、織女二星不但人格化了，還透露出男女間的情愫與分離的悲痛。至此，“牛郎織女”傳說的雛形已經奠定。魏晉時期，這個故事繼續豐富和發展，出現了天帝的阻撓與七月七日鵲橋會等關鍵性情節，還與當時民間的七月七日“乞巧”節融合在了一起，成為民俗生活的組成部分。這一階段，又衍生出以“二十四孝”中的人物代替牛郎的變異模式——董永與七仙女故事，使得“牛郎織女”傳說具備了傳統孝道的內

涵。到了明代，朱名世所編《新刻牛郎織女傳》整合了歷代相關資料，是目前發現的第一部完整敘述這一傳說的小說作品，在“牛郎織女”傳說的演化譜系中有着重要的地位與價值。

時至今日，每年的農曆七月初七還是漢民族的傳統節日“七夕節”，也被稱為“中國情人節”，這或許從一個側面說明了“牛郎織女”傳說的巨大影響力吧。

78 乘槎泛海

朱碧山銀槎杯

元代著名銀作工藝家朱碧山所製銀槎杯，是對「乘槎泛海」傳說的藝術再現。槎杯杯身作半截枯木狀，一老者坐於其上，神態超然。

中國古時認為，大海與天上的銀河是相通的，它們之間有巨大的木筏（巨槎）隨流漂浮，十二個月就能運行一週天。傳說有個人曾經乘筏泛海，起初十幾天還能分辨白晝和黑夜，看得到星辰和日月，但慢慢地就恍惚起來，只覺天地間一片混沌，完全分不出時間和空間的變化。就這樣又過了十多天，來到一個地方，遠遠看去，有迤邐的牆垣，齊整的房舍，隱約間還有織布的婦女，忽然一個飲牛的男子出現在對岸的水邊。牽牛人詫異地問這個不速之客："你怎麼會到這裏的？" 那人便把來龍去脈說了一遍，又向牽牛人打聽這是甚麼地方。牽牛人只是回答說："你回去以後，到蜀郡問一個叫嚴君平的人就知道了。" 說着說着，木筏竟不靠岸，繼續順流而下。經過了整整一年，木筏載着他又回到了出發的地點。後來這個人真的到蜀郡去尋訪嚴君平，原來嚴君平是一位道行高深的術士。這人說明來意後，君平掐指一算，發現：某月某日有一顆流星經過牽牛與織女星座之間，而這個日子恰好是木筏行經那個地方的時間，原來，這個人已經到了銀河。

乘槎泛海的傳說是古人對於未知世界的美好想像，反映出一種獨特的宇宙觀，在古代典籍中十分常見。後世還把它附會為漢代著名探險家張騫的事跡，說他在出使大夏的過程中乘槎尋覓黃河的源頭，結果竟然到達了銀河，還帶回了織女的支機石。更為關鍵的是，孔子曾有"道不行，乘槎浮於海" 的說法，所以乘槎而去，已逐漸成為儒家對隱逸生活的隱喻。

79 茅山道士

青花茅山道士圖筒爐

此爐製作於明代弘治年間，其圖紋表現的就是西漢茅氏兄弟在茅山修煉的情景。

在今天的一些通俗文藝作品裏，我們時常看到鬼狐仙怪禍祟人間的情節，而最終捉鬼驅邪的往往是號稱茅山道士的人物。這茅山道士究竟有些甚麼來歷？他們又是如何成了捉鬼能手的呢？

茅山，原稱句曲山、地肺山或岡山，位於今江蘇省西南部，鍾靈毓秀，風景獨異，吸引了大量修道隱居者。相傳西漢景帝（前 156—前 141 在位）時，有茅盈、茅固、茅衷兄弟在此得道成仙，號三茅真人，故此山更名三茅山，簡稱茅山。從西晉開始，茅山逐漸成為道教聖地，南朝齊梁之間，為梁武帝所寵信的陶弘景辭官至茅山隱居，住在金壇華陽洞內，自號"華陽隱居先生"，研修並傳授《上清經》，而梁武帝時常派人前來諮詢政事，令其有"山中宰相"之譽，影響頗大。由此，逐漸形成了一個以道教上清派教義為主體的宗派，稱為茅山宗。

自陶弘景以後，茅山道教人才輩出，影響也不斷擴大，並長期受到皇室尊崇，到唐宋時期，達到了頂峰。修道者經常有數千人之多，有殿宇達二百五十七組，房屋五千餘間，茅山也被列入道教"十大洞天"中的第八洞天，稱"金壇華陽洞天"，以及"七十二福地"中的第一福地。直至今

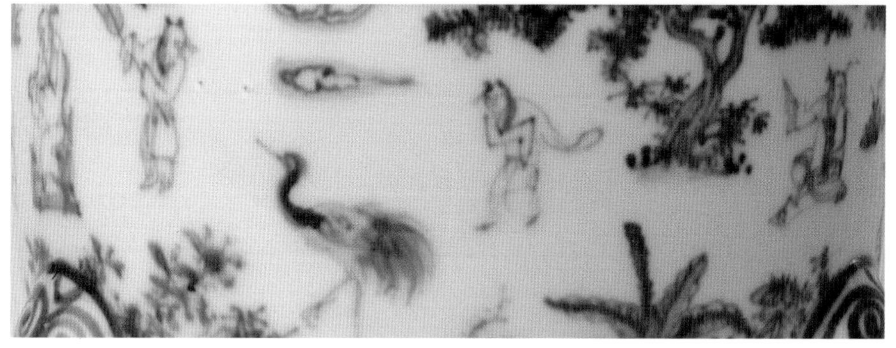

天，每逢香期廟會（農曆臘月二十四日到來年三月十八日）和道教神祇的祀典，這裏依然是信眾遊客雲集，香火頗盛。

茅山宗的修持方法講究以神思、誦經為主，輔以丹法，本與捉鬼降妖的方術並無太多關聯，但由於道教為了擴大影響，有意突出符籙、咒術、靈圖、驅邪等為普通信眾所樂於接受的方面，加上茅山宗有“秦漢神仙府，梁唐宰相家”之稱，影響大而香火隆，故民間將二者結合起來，盛傳其神通靈異，遂使茅山道士善於打鬼的觀念深入人心，也令真正的茅山道教的精華日漸衰微。

80 張天師

五彩人物五毒紋盤

此盤為明代萬曆年間精品，盤心繪張天師持寶劍而立，四周環繞蛇、蠍、蟾蜍等，反應的正是張天師斬五毒的主題。

樊沂《張天師像軸》

此圖為清代金陵畫家樊沂人物畫的代表作，所繪張天師形體碩大誇張，面部刻畫精細，衣紋粗獷。

看過《西遊記》的人都有印象，護衛靈霄寶殿的"四大天師"之首就是張天師，在小說裏，他仙位不高，本領也不大。但在歷史上，可是確有其人的。

張天師，本名張陵，一名張道陵，是東漢末年"五斗米道"的創立者。通常認為，五斗米道的成立，標誌着道教的正式形成，因此張道陵被奉為道教的祖師。他本是沛國豐（今江蘇豐縣）人，曾入太學，博通經史道術。初在吳越一帶傳道，信眾很多，後入四川鶴鳴山修煉，著書立說，施符咒治病，信徒日增。第四代孫張盛在晉初將傳教中心遷至江西龍虎山，經世代經營，成為道教勝地。魏晉以後，張道陵被尊稱為"張天師"，五斗米道也被稱為"天師道"，奉為道教正統，天師的名位由張道陵的後人世襲，至今已傳至 64 代。金元時，北方出現另一大道教派別全真道，天師道改稱“正一道”，主要盛行在南方。

作為道教祖師的張道陵，被附會為漢初名臣張良的第八代孫，並被神化，稱其母夜夢神人授以香草，於是感而受孕，成年後，身高九尺二寸，“龐眉廣顙，朱頂綠睛，隆準方頤”。在陽羨山中修煉長生術時，得到黃帝煉丹的秘方，煉成丹藥，服食後返老還童，仙術大進。又得太上老君傳授正一盟威秘文、三清諸經、斬妖雄劍，於是統率神兵，斬妖除魔。元始天尊封其為“正一三天扶教輔元大法天師”，凡成仙者須先拜見他方可升天。因為他有驅鬼禳災的法力，故經常出現在小說、戲曲等民間藝術形式中，比如《水滸》開頭就有張天師祈禳瘟疫的情節。一般情況下，張天師是被當做鎮宅保護神來供奉的，一些地方每逢端午便用泥作成天師像，以艾為頭，以蒜為拳，稱為“天師艾”，還有貼“天師符”，以及腳踏“五毒”（蠍子、蜈蚣、壁虎、蟾蜍、蛇五種毒物）的天師年畫等多種風俗。

81 關聖帝君

刺繡關羽像軸

此為清乾隆年間的刺繡品，以多種針法繡製，人物傳神。背景大片留白，具有繪畫似的蘊藉與藝術感染力。

小說《三國演義》裏的關羽是武勇與忠義的化身。胯下赤兔馬，掌中青龍偃月刀，威風凜凜，作為蜀漢“五虎上將”之一，他有着溫酒斬華雄、斬顏良誅文醜、千里走單騎、刮骨療毒、水淹七軍等華彩篇章。歷史上真實的關羽（約 160—219），沒有這麼多事跡，但他確是蜀漢的重要將領之一，官拜前將軍，爵封漢壽亭侯，武藝高強，被譽為“萬人敵”，對劉備集團忠心耿耿，然而其性格“剛而自矜”，缺陷也是很明顯的。

從三國至唐，關羽的影響非常有限，自宋以降，統治者開始從他身上挖掘“忠義”的精神來教化臣民，並不斷加封。宋徽宗封其為“忠惠公”、“崇寧真君”、“義勇武安王”等，到了明神宗時，又封“三界伏魔大帝 神威遠震天尊 關聖帝君”，清代皇帝則稱之為“萬世人極”，封之為“忠義神武 仁勇威顯 護國保民 精誠綏靖 翊贊宣德 關聖大帝”，由此關羽完成了從人到神升格過程。加上小說和戲曲的推波

助瀾，關羽在民間的信仰也達到極盛，成為與“文聖”孔子並列的“武聖”，道教也把關羽吸收為護法神。人們都相信關帝具有司命祿、佑科舉、明是非、招財進寶、消災驅邪、巡按冥界等多種職能，是一位“萬能”神，所以武聖的關廟也遠遠多於文聖的孔廟。據統計，清代僅北京一地，關廟就有 116 座。而關羽故里——山西運城解州城西的關帝廟，有“天下第一關廟”之稱。

關羽信仰雖然帶有部分糟粕，但其所蘊含的“忠、義、信、智、仁、勇”等信條，卻是中國傳統倫理與道德觀念的核心價值，代表着儒、釋、道三教均予認同的人生態度。直到今天，對關羽的崇拜依然不絕如縷。

82 羅浮問道

王蒙《葛稚川移居圖軸》

葛洪的故事在造型藝術中時有展現，此畫是元代王蒙的作品，表現的正是葛洪攜家移居羅浮山的情景。

羅浮山位於廣州之東，是一處道教名勝，至今還留有所謂“第七洞天”的“葛洪煉丹處”遺跡。

葛洪（283—363？），字稚川，號抱朴子，丹陽郡（今江蘇省）人，道教祖師之一。其祖上做過東吳、西晉的大官，但他幼年時已家道中落，葛洪從小好學苦讀，卻因家貧無錢買書籍筆墨，只好借書抄寫，用木炭在地上練字，一時被傳為美談。葛洪年輕時，曾因軍功而有機會得到封賞，但他的興趣卻集中在煉丹術和醫藥方面。當時，道教已經非常盛行，服食丹藥是一種重要的修煉方式，很多貴族士人都相信將某些特殊的礦物經火的燒煉可成為使人長生不老的“仙丹”，而葛洪正是一位承前啟後的實踐者和丹術理論家。

及至中年，葛洪已經擁有很高的聲望，東晉朝廷多次賜官給他，都被他拒絕了。後來，他聽說交趾（今越南）出

產煉丹的主要原料——丹砂，於是向朝廷請求到靠近該地的勾漏縣（今屬廣西）去當縣令。當他南行至廣州時，刺史鄧岳因仰慕他的大名，極力挽留他，承諾提供煉丹的原料，於是葛洪就選擇隱居在羅浮山，進行煉丹術的研究，並全心著述，留下了《抱朴子》、《神仙傳》、《隱逸傳》、《金匱藥方》、《肘後備急方》等著作。

傳說，葛洪臨死前，曾寫信給鄧岳，說他要到很遠的地方去訪師，馬上就要出發了。鄧岳接到信後，急忙從廣州趕到羅浮山來給他送行。誰知當天中午葛洪已經逝世，死時如睡着一般，屍身柔軟，面色如生，而入棺後輕得彷彿只有衣服，後來的人都說他是"屍解得仙"了。

83

燃犀照渚

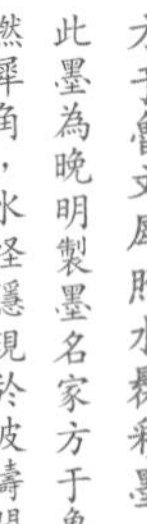

方于魯文犀照水髹彩墨

此墨為晚明製墨名家方于魯的代表作。一面浮雕温嶠等人於礁石上點燃犀角，水怪隱現於波濤間。一面陽文楷書「文犀照水」四字。

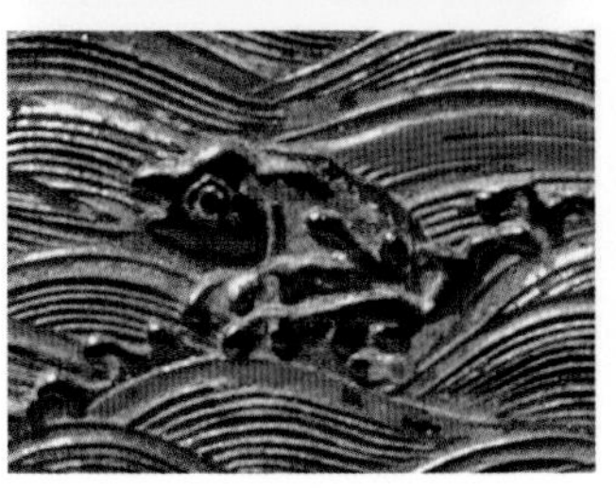

西晉末年，天下大亂，以匈奴族、羯族為首的胡人橫行中原，屠戮生靈，北方世家大族紛紛南遷避難，只有平北大將軍劉琨死守并州一隅，成為抗胡鬥爭的一面旗幟。在劉琨的身邊，有一位屢建戰功的傑出人物，叫作溫嶠。

溫嶠（288—329），字太真，太原祁縣（今山西祁縣）人，自幼聰明，博學能文，17 歲時便受到州、郡官吏的徵召，在抗胡前線建立功業時也不過二十幾歲。

建興四年（316），西晉覆亡，溫嶠奉劉琨之命，渡江南下，勸鎮守建康（今南京）的琅琊王司馬睿稱帝。從此，溫嶠留在江南，在東晉的政治舞台上扮演着愈來愈重要的角色。在他的主導下，東晉政權先後挫敗了王敦、蘇峻叛亂，維護了江南地區的統一。因此歷史上稱他為"中興名士"。

圍繞這位"名士"，還有不少野史逸聞，其中最著名的一則是"燃犀照渚"。

相傳溫嶠在平定蘇峻之亂後返回駐地武昌，途經長江邊的牛渚磯（在今安徽省馬鞍山市西南）。牛渚磯位於牛渚山北部，突出於江上，三國吳時改名采石磯，是溝通南北的重要津渡，後世與南京燕子磯、岳陽城陵磯並稱"長江三大名磯"。溫嶠聽說此處有許多水怪出沒，於是前往查看，見水深不可見底，就命人點燃犀牛角來照亮。不一會兒，各種奇形異狀的怪物被火光逗引而出，有的還乘着馬車，穿着紅色衣服。當晚，溫嶠夢見一個人對他說："我們和你屬於兩個世界，各不相擾，為甚麼無緣無故地來窺探我們呢？"溫嶠醒後，感覺心中煩惡。原本他就有牙痛的毛病，這時變得嚴重了，而在拔牙過程中竟然中風，到達武昌後不到十天就逝世了。

這個故事中值得注意的一點是，為甚麼要用犀角來探照水下呢？原來在魏晉時期，犀牛在中原地區已基本絕跡，犀角也成為一種珍罕的寶物，常常要通過與東南亞或阿拉伯地區的海外貿易才能得到，因此產生了很多神化犀角功能的說法，比如將其放置在米堆中雞便不敢啄食的"駭雞"作用，又如解毒、辟邪等，特別是犀角入水則水波自動分開的神祕主義觀念，很可能啟發了"燃犀照渚"之類的故事。

84 猿猴搶婚

壁畫《猿猴窺女圖》

此圖為甘肅酒泉丁家閘5號墓（十六國時期）壁畫的一部分。圍牆小院內，一棵參天大樹上，一隻通紅的猿猴正貪婪注視着樹下體態豐腴的裸女。反映了當時「猿猴搶婚」觀念的盛行。

南朝蕭梁年間，南方發生叛亂，朝廷派大軍征討。別將歐陽紇率軍攻下長樂，他的妻子也在軍中。當地人就提醒他說，這裏有個神怪專偷年輕漂亮的女子，要小心提防。歐陽紇就把妻子藏在密室裏，派人嚴密看守。哪知在一個昏黑的夜晚，他的妻子還是神秘地失蹤了。

歐陽紇非常着急，四處尋找。過了一個多月，他在二百里外的大山中看到一處洞府，幾十個婦人進進出出。他上前一問，得知她們都是被一個神道攝來的，和他妻子的遭遇一樣。在眾婦人幫助下，歐陽紇終於見到了妻子。眾婦人催他快走，並對他說：那神道法力很高，百來個壯漢也傷不到牠。若想制服它，就回去準備二十斗美酒、十隻狗和幾十斤麻，十天之後的正午再來。

歐陽紇下山準備，並如約而至。婦人們告訴他：神道喜歡喝好酒吃狗肉，喝醉後又愛炫示氣力，會讓我們用彩練把它綁在牀上，好讓它掙斷而起。這次我們將麻藏在布帛中，把它捆住，它就無法掙脫了，只能束手待斃。

午後，忽見一道白光飛進洞來，轉眼間化為一個白衣男子，長髯及胸，手拿拐杖。它看見狗，高興地撕碎吃掉了，婦人們趁機向它敬酒，連飲數斗後，它現出原形，竟是一隻大白猿！婦人們七手八腳將牠綁在牀上，就來招呼歐陽紇。歐陽紇用劍刺牠的身體，就像刺在鐵石上一樣。最後一劍刺中臍下，白猿才慘叫而亡。歐陽紇立刻帶着妻子和眾婦人出山去了。

據說，歐陽紇的妻子在洞裏已經有了身孕，回去不久就生下一個兒子，取名歐陽詢。歐陽詢長大後，成了著名

的書法家，但他生得一副尖嘴猴腮的樣子，有人便私下議論說他像那個白猿。

這是唐人的傳奇小說《白猿傳》的內容，後來的宋元話本《陳巡檢梅嶺失妻》，甚至《西遊記》都與它有一定的聯繫。但如果我們向前追溯的話，就會發現，“猿猴搶婚”的傳說早在漢、晉時期就已經出現了。而且絕非中國獨有，它是早期人類圖騰崇拜和搶婚風俗的孑遺。猿猴體貌似人，靈敏機警，且有着旺盛的生殖能力，因此成了原始人群崇拜的對象。在中國，原本流行在西南少數民族地區的猿猴崇拜，隨民族大融合而傳至漢地，並與漢地的傳說一道孕育出了“猿猴搶婚”的觀念。

85 西遊源流

青花西遊記故事圖爐

這件清代瓷器畫面表現的正是唐僧師徒的形象。

壁畫《唐僧取經圖》

此圖是安西縣東千佛洞第2窟南壁壁畫，繪於西夏年間，表現了唐僧一行赴補怛洛迦山拜謁水月觀音的場景。畫中玄奘身披袈裟，雙手合十，神情恭謹，猴行者牽馬站立，仰視菩薩。

《西遊記》是一部經典的神話小說，描寫唐三藏、孫悟空、豬八戒、沙和尚師徒四人歷經磨難，斬妖除魔，到西天取經的故事。它是以唐代高僧玄奘到印度求佛法的真實歷史事件為原始素材，經過多種傳記、戲曲、小說的文學渲染，才最終形成的定本。

玄奘俗名陳禕，少時父母去世，11 歲剃度為僧。他遍覽中土佛經，認為漢文翻譯不佳，致使宗派林立，各執一詞，於是發願到佛教的發源地天竺（印度）去窮究佛法，求取真經。唐太宗貞觀元年（627），玄奘離開長安，踏上西行之路。由於當時有禁止出國的詔令，所以他只能孤身一人偷渡出國，途經今阿富汗、巴基斯坦等地，經歷了常人難以想像的艱難險阻，最終抵達了佛教的中心北天竺摩揭陀國的那爛陀寺。玄奘在印度學習各種經典，拜訪高僧，掌握了天竺佛教的要旨，也在當地贏得了廣泛尊重。貞觀十九年（645）玄奘回到了長安，帶回佛經 657 部，用了 20 匹白馬來馱。他這次西行，歷時十九年，行程數萬里，

充滿了傳奇性，當時就已十分轟動。

玄奘回國後，應唐太宗的要求口述見聞，由弟子辯機輯錄成《大唐西域記》一書，主要記載他親身遊歷或聽聞的 138 個西域國家的風俗歷史、地理環境、物產氣候、交通關防等，沒有過多涉及個人經歷。而他的弟子慧立、彥悰在他圓寂後整理出《大慈恩寺三藏法師傳》，裏面增添了一些宗教感應的神話情節，為西遊故事的發展奠定了基礎。

到了南宋，出現了一部《大唐三藏取經詩話》，這是公認的《西遊記》雛形，取經人中多了猴行者，主要人物的重心發生了轉移。這時的戲曲舞台上，表現西遊故事的也很多，如金代有《唐三藏》、《蟠桃會》；元雜劇有《唐三藏西天取經》、《二郎神鎖齊天大聖》及《西遊記雜劇》等，而此後還出現《西遊記平話》和《西遊釋厄傳》等，都直接啟發了吳承恩的《西遊記》創作。

86 二郎神

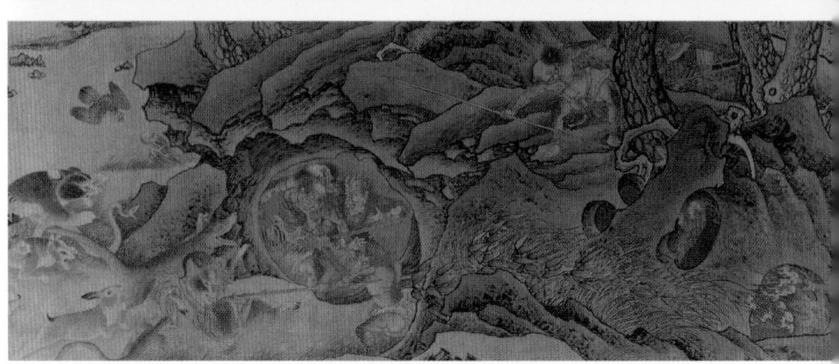

佚名《搜山圖卷》（局部）

此圖是南宋畫家手跡，雖為殘本（缺少主神即二郎神部分），但繪畫技巧極高，非凡手可及。圖中描繪神兵神將們奉二郎神之命，手持刀槍劍戟、縱鷹放犬，搜索山林中各種魔怪。魔怪們或是原形，或化為女子，倉惶逃命。

在明代通俗小說《封神演義》和《西遊記》裏，二郎神楊戩都是個重要的角色，他有三隻眼睛，手使三尖兩刃刀，以彈弓發射金彈，又有嘯天犬和梅山六聖追隨，還和玉皇大帝有甥舅之親，可謂風光之極。不過，楊戩成為二郎神是晚近的事，在他之前已經出現好幾位二郎神了，個個來頭都不小。

第一位是秦代蜀郡太守李冰的二兒子。相傳，當時流經成都的江水中有一江神，時時為害，李冰化身青牛，與江神鬥法，在李二郎的幫助下，斬殺了江神。他們又率領百姓建設都江堰水利工程，令蜀地成為沃野千里的天府之國。人們愛戴他們，在灌江口修建廟宇紀念，把他們二人合稱二郎神。也有故事說，李冰的二兒子勇鬥惡龍，以鐵索將之鎖在深潭，並建伏龍觀加以鎮壓，從此杜絕當地水患，故蜀人尊他為二郎神。

第二位是隋代嘉州太守趙昱。傳說，當時犍為縣有一潭，潭中蛟龍為害，趙昱持刀入水，與蛟搏鬥，提蛟頭而

出，江水盡赤，百姓奉他為神明。隋末天下大亂，趙昱不知所終。後嘉陵江水泛濫，人們在江邊祝禱，見到趙昱在雲中騎白馬而來，潮水就退去了。於是人們便在灌江口立廟祭祀他，奉他為二郎神。在元人雜劇中，這位趙二郎曾多次出現。

第三位是晉代襄陽太守鄧遐，據稱也有斬殺沔水蛟龍的事跡，當地人建祠祭祀他，因他曾為二郎將，故也被尊為二郎神，不過，這位鄧二郎的影響相對較小。

第四位是五代後蜀的亡國之君孟昶。他的寵姬花蕊夫人被擄至北宋宮廷後，常懸掛孟昶的畫像以示紀念，宋太祖問起，她卻說是二郎神像。這恐怕只是她的一時急智，不代表孟昶真的成了二郎神，但陰差陽錯的是，孟昶像得到宮廷的推廣，在民間流傳開來，其挾彈縱犬的神態對後世二郎神形象的成熟起了很大作用。

第五位是佛教護法神，即“四大天王”中北方多聞天王毗沙門的二子獨健，相傳他曾率天兵天將救唐明皇於危難之中，故也有二郎神的稱呼。

總體看來，二郎神信仰是晚唐五代時期由李冰治水的故事衍生出來的，在北宋中後期得以興盛。而他的流行，使得道教和佛教都爭相將其引入自己的神仙系統，隨着戲曲等藝術形式發生作用，趙昱的影響壓倒了李二郎等人。到了明代中葉以後，《西遊記》、《封神演義》先後問世，新出現的楊戩與趙昱合流，並最終取代他成為後世流傳最廣的二郎神形象。

87 和合二仙

竹根雕和合二仙像

此竹雕是晚明嘉定竹刻名家朱三松的作品，二仙以蓮瓣為舟，一捧破扇，一執帚作槳，道骨仙風，顯露無遺。

馬遠《寒山子圖頁》

此為南宋畫家馬遠作品，寒山子挽髻戴巾，褒衣博裳，腳穿木屐，手持掃帚，張口欲笑，神態生動。

和合二仙是民間傳說中知名度很高的神祇，在傳統的婚禮喜慶儀式上，常常懸掛他們的畫像，只見兩個孩童，一個手持荷花，另一個捧着圓盒，諧音"和"、"合"，象徵了普通民眾對夫妻乃至整個家庭關係美滿和諧的祈願。

不過，和合二仙卻有着一位共同的前身——萬回。相傳萬回是河南人，本姓張，生活在唐朝貞觀年間。他的兄長遠赴戰場，久無音信，雙親極為掛念。萬回就自告奮勇前去探望。他早上出門，晚上就趕了回來，手上拿的家書封口的糨糊還沒乾透呢。人們估算，他這來回足有萬里之遙，於是就送了個"萬回"的綽號給他。由於傳統觀念中家族意識很強，所以傳說中象徵家人團圓的萬回成了"和合之神"，得到了廣泛的信仰，但由一個人來代表一種人與人之間的倫理關係顯得比較勉強，於是到了明清時，和合之神被拆分為二，附會為唐代高僧寒山與拾得，也就出現了"和合二仙"。

寒山、拾得相知相敬，情同手足，據說，他們少年時共愛一女，寒山知道後，即出家為僧，而拾得割捨戀情，去尋覓寒山，相會後，一起建立了"寒山寺"。這當然只是故事，歷史上的寒山隱居天台山寒岩，自號"寒山子"，拾得本是棄嬰，被僧侶撿至寺中養大，所以得名。因二人佛學、文學造詣相埒，所以成為好友，一起談禪吟詩，逍遙紅塵之外。民間對他們的友誼推崇備至，也使他們的影響逐漸超出了佛教圈，升格為人們喜愛的俗神。清雍正十一年（1733）正式策封寒山為"和聖"，拾得為"合聖"，和合二仙的名氣就更大了。

蘇州名剎寒山寺始建於南朝，雖不是寒山、拾得所創，卻因他們的住持而聞名於世。在大雄寶殿後壁有清代畫家羅聘所繪"寒山拾得畫像"石刻，在寒拾殿中有二仙的木雕金身像。

88 鍾馗驅鬼

戴進《鍾馗夜遊圖軸》

此圖為明代浙派大家戴進的作品，在精細刻畫人物體貌同時，尤其注重神情、氣質的表現。

華喦《鍾馗秤鬼圖軸》

此圖為清代揚州畫派華喦的作品，畫風詼諧幽默而又體現「邪不壓正」的主題。

鍾馗，是中國民間信仰中驅鬼逐邪之神。相傳有次唐玄宗夢見一小鬼偷了楊貴妃的紫香囊和玉笛，十分着急，這時忽然出現一大鬼，將小鬼捉住吃了。玄宗詢問之下，大鬼自稱是終南山讀書人鍾馗，因科舉不中，撞階而死，成為鬼王，發誓除盡天下妖孽。玄宗驚醒後，召畫師吳道子繪成《鍾馗捉鬼圖》，懸掛於宮中，自此鍾馗名聲大噪，成為捉鬼之神。後世小說演繹得就更為曲折，說他是終南山秀才，相貌奇醜，卻才華橫溢，為人剛直。在長安應試時，被主考官點為頭名，哪知殿試時，唐德宗以貌取人，加上奸相盧杞的讒言，竟使他未能中選。鍾馗一怒之下，自殺而死，朝野震驚。德宗慚愧不已，以狀元規格埋葬鍾馗，還封他為"驅魔大神"。而"鍾馗嫁妹"的傳說，也為人熟知，故事又杜撰了一位好友杜平，同情鍾馗的遭遇，為他處理後事，鍾馗成為鬼王後，特意率領鬼卒於除夕歸家，將自己的妹妹嫁給了杜平。

歷史上並無鍾馗其人，關於鍾馗的傳說最早見於宋代沈括所著《夢溪筆談》，那麼，鍾馗的來歷到底是怎樣的呢？在敦煌藏經洞發現的唐代寫經《除夕鍾馗驅儺文》中記載，在當時一些地區流行一種驅鬼的巫術舞蹈，領頭的巫師就稱為"鍾馗"，其形象是頭戴面具，硃砂塗身，外披豹皮衣。根據這一儀式，有人推測早在商周時期，鍾馗就已出現，他的名字，源自一位著名的巫師"仲虺"。仲虺與鍾馗發音相近，在流傳中發生誤記，於是成了鍾馗。

還有一種說法，認為"鍾馗"原本與"終葵"通用，而終葵是一個古老的姓氏，為殷商民族遺留下來的七個分支之一。這七個家族各有專長的手藝，終葵氏擅做木棒槌。這種棒槌在洗衣服時用來捶打衣物，而鍾馗驅鬼正是棒槌滌除污垢的投射。明末清初的大學者顧炎武，從音韻訓詁方面，又提出了新的證據："鍾馗"兩字的反切（即"鐘"字的聲母加"馗"字的韻母拼讀）恰好發音是"椎"，也就是大木棒。

宋元以來，"鍾馗驅鬼"的影響日漸增大，其起源已不再為一般百姓所重視。不論宮廷還是民間都在除夕（清代乾隆年間以後改為端午）懸掛鍾馗圖。鍾馗的形象雖虬髯滿腮，作判官狀，卻並不恐怖，並和民間喜聞樂見的蝙蝠（與"福"諧音）、蜘蛛（稱"喜蛛"，從上垂下稱"抬頭見喜"）等結合起來，成為吉祥圖案的一種。

89 柳毅傳書

朱玉《龍宮水府圖頁》

此圖為元代畫家朱玉作品，描繪柳毅來到龍宮，龍王率眾出迎的場景，形象生動，特別是水精海怪以法寶令海濤翻捲分開，充滿戲劇性和想像力。

唐高宗時，有個落第的書生名叫柳毅，在回鄉途經陝西涇陽時，他看到一個神情抑鬱的年輕女子在路邊放羊，不禁動了惻隱之心，就上前詢問。女子哭着說，自己本是洞庭龍王之女，嫁予涇川龍子為妻，卻遭到丈夫與公婆的虐待，被困於此，正愁無法給家人傳遞消息。於是，柳毅就自告奮勇承擔起送信的任務。一個多月後，他趕到洞庭湖畔，遵照龍女的囑咐，找到南岸一株高大的"社橘"，用帶子縛上硬物敲打了三下。霎時間，湖水中分，跳出一個武士，引領他直至龍宮。柳毅備述龍女的悲慘際遇，並將家書交與洞庭君，龍宮內外一片悲戚。忽聽一聲霹靂，龍女的叔父錢塘君化作赤龍，大怒而去。兩三個時辰後，龍女竟然裊裊婷婷地出現在眾人面前，而錢塘君也盛裝宴客，他得意地說："我此去殺傷六十萬人，使八百里莊稼變為焦土，終於吃掉了那個狠心的小子，而且得到了天帝的諒解。"

柳毅佩服錢塘君的豪氣，留在龍宮歡飲唱和。藉着酒意，錢塘君倨傲地要把自己的姪女再配於柳毅，柳毅嚴肅地拒絕道："我見義勇為，並非貪圖美色，即使你暴虐兇殘，也不能讓我作出違背良心的事！"錢塘君聽了，馬上斂容謝罪，更加敬重柳毅。不過，柳毅雖然這麼說，但離開龍宮後，卻難以忘記龍女，可惜人神分隔，也無奈何。後來，他聘定了一位盧姓女子，結婚當晚，竟然發現她面容酷似龍女。原來，龍女也早對他一往情深，遂藉盧氏之名來與他結為百年之好。就這樣，有情人終成眷屬。

《柳毅傳》為唐代傳奇小說，因情節曲折，人物鮮明，而很快流傳開來，宋代蘇州就有柳毅井、柳毅橋的附會。後世很多戲劇作品，如元代《柳毅傳書》、明代《龍簫記》、清代《蜃中樓》等，都脫胎於此。

90 劉海戲蟾

竹根雕劉海像

明清時期劉海戲蟾題材在造型藝術領域得到了豐富表現，此清早期的竹根雕劉海像，雕工精湛，栩栩如生，在同類作品中較有代表性。

劉海是位知名度很高的仙人，常出現在各種民間的藝術形式中，今天女孩額前髮簾稱作“劉海兒”其實也與他有關。那麼，這位劉海到底是何許人呢？

劉海，本名操，字宗成，又字昭元，五代宋初燕山（今北京市西南宛平）人，一說燕地廣陵（今河南息縣）人。曾輔佐割據的軍閥劉守光，喜歡鑽研玄妙的道術問題。後梁乾化元年（911）劉守光僭稱燕帝，劉操諫議無效，於是托疾辭官，後來更散家財，別妻子，改名玄英，號“海蟾子”，尋仙訪道而去。相傳他得遇呂洞賓點化，遁跡於華山與終南山之間。道教全真派將他與王玄甫、鍾離權、呂洞賓、王重陽一起合尊為“北五祖”。元世祖忽必烈封他為“明悟弘道真君”，元武宗又加封為“純佑帝君”。

這樣一位歷史人物是怎樣轉化為民間俗神的呢？其實這都來自他的道號“海蟾子”，因他常被呼為劉海蟾，一些不明就裏的人竟將這個名字分開，訛為“劉海戲蟾”了，而且演化出各種各樣的傳說，如說其父為官甚貪，死後化作三足蟾落入穢海，劉海得道後以一串金錢將三足蟾釣出。又有記載他於清代顯跡為蘇州商人的傭僕，可以將夜壺翻出其裏刷洗，懷抱小主人一夜之間往返福州觀燈，從井中釣三足蟾後升空而去等，不一而足。

劉海戲蟾的吉祥圖像在明代就已出現，至清代發展成為民間年畫、工藝美術等領域最常見的題材之一，通常表現為歡笑的小兒形象，“劉海兒”齊眉，赤足踏在金蟾身上，手持一杆，杆頭挑一長串銅錢，已完全與他的本來面目無關了。

91 魚龍變化

青花海水魚龍圖洗

此筆洗為清代康熙年間精品，其內底所飾即為「魚龍變化」，構圖疏密有致、繪製精良、形象生動。

很久很久以前，在今天山西省河津縣與陝西省韓城縣之間的黃河河道上，有個地方叫龍門，兩岸峭壁對峙，像座高大的門，河水流經此處，奔騰咆哮，非常壯觀。每年暮春，都有很多紅鯉魚逆流而上，聚集在此，數量之多，將水的顏色都映成了紅色。牠們積聚力量，躍水而出，反覆嘗試，試圖越過湍流險灘，到達上游，成功者就會有雲雨纏繞，天火突降，燒掉魚尾，於是霹靂一聲，化作巨龍，騰空而去，可惜成功者少之又少，功敗垂成者跌傷額頭，留下一條黑疤。直到今天，還能在黃河鯉魚的頭上看見這黑疤呢。李白有詩專詠此事："黃河三尺鯉，本在孟津居，點額不成龍，歸來伴凡魚。"這個祥瑞之地因此被命名為"龍門"，"魚躍龍門"也成為吉祥之語，用以比喻人生歷經磨難但終於得以改變現狀達到一個更高的境界。在科舉時代，它又是考中進士的一種美稱。據說，唐代士人得中後，

都要舉行盛大的“燒尾”宴，其中保留菜品就是燒鯉魚。

魚躍龍門的傳說是否純屬無稽呢？根據科學的考察，這是古人對魚類洄游現象的誤解造成的，而且，“鯉魚”實際是鱘魚，牠們產卵多選擇水溫較低，流速較大，河道底有石礫的江河上游急灘地帶，而龍門正好具有類似地貌特徵，所以成為春天鱘魚洄游交配的理想場所。這時的鱘魚雌雄追逐，頻繁躍出水面，成千上萬條充血發紅的魚鰭在河面翻動，遠望一片紅光，於是出現了“赤河”景象。古人面對這樣奇異的場景，自然會感到費解，才杜撰了“魚化龍”的美麗傳說，從漢代開始一直在民間流傳。

92 馬上封侯

玉雕「馬上封侯」

此玉雕為清代乾隆年間精品，用上好和田籽料圓雕而成，雕琢細膩，是明清以來這一題材的代表性作品之一。

熟悉《西遊記》的朋友一定記得，玉皇大帝為了安撫孫悟空，曾經封他做了“弼馬溫”。明眼人一看便知，“弼馬溫”諧音“避馬瘟”，意思是“避免馬得瘟疫”。那麼，這個於史無徵的官名是著者的信筆胡謅，還是對某種傳統觀念與習俗的戲謔性提煉呢？

翻開史籍，我們發現猴子可以令馬、牛等牲畜不得瘟疫的說法頗為流行。李時珍的《本草綱目》裏就說：在馬廏裏飼養母猴，馬吃了流有經水的草料，就可以不生病。類似的記載可以追溯到北朝的農業技術經典《齊民要術》中去。這種觀念使猴與馬產生了一種奇妙的聯繫。

在晉人干寶的小說《搜神記》裏，猴與馬的關係被生動地演化成一個帶有神秘色彩的故事。據說西晉末年，將軍趙固的愛馬忽然死了，他十分惋惜，就去請教精於方術卜筮的郭璞。郭璞說：“你可以派幾十個人拿着竹竿，向東走三十里，那兒有一片樹木茂盛的陵園，你讓他們以竹竿敲打樹幹，一定會驚出一隻樣子像猿猴的動物來，把牠捉住帶回來，你的馬還有救。”趙固馬上按郭璞的話去做，果然捉到了那隻動物。牠一看見死馬，就蹦跳着走過去，對着馬的鼻子又是吹氣又是吸氣。不一會兒，馬就站起身來，精神抖擻，高聲嘶鳴，飲食也恢復如常。

到了十六國時期，後趙宮廷還出現了一種叫“猿騎”的雜技，由人扮作獮猴的形象，在馬背上做出各種表演動作，也形象地詮釋了猴與馬的密切關係。

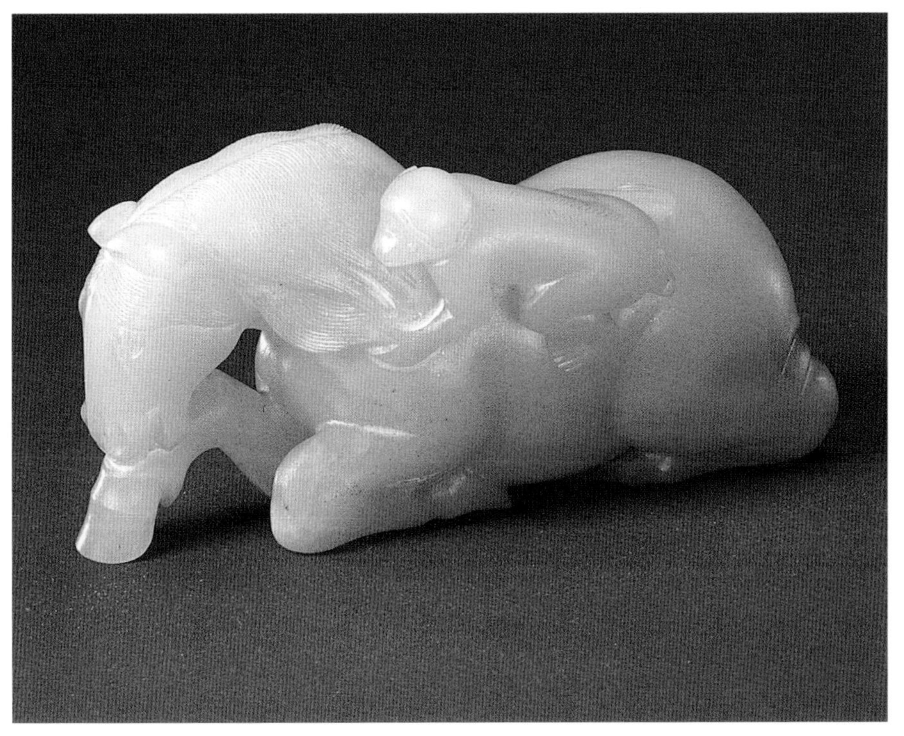

近年來，在甘肅、陝西、四川和河南等地出土的木版畫、壁畫、畫像石及陶俑上都有猴與馬的複合形象，其時代以漢為主。齊國故城臨淄出土的半瓦當上，有馬拴在樹下，猴、鳥在樹上的紋飾，說明這樣的藝術母題甚至在戰國時已不新鮮。

不過，上述有些地區並不適宜猴子生存，而馬也不是農耕文明所熟悉的牲畜，那麼猴與馬的複合形象來自哪裏呢？有研究認為，這一形象可溯源至古代印度，並經過北方草原遊牧民族的傳播進入中原。在這個過程中，猴與馬的造型又融入新的內涵。漢代已經懂得利用諧音手法來轉換意象。例如，出現在畫像石上的射雀、射猴圖，就是以“雀”、“猴”來表示“爵”、“侯”，討“得爵封侯”的彩頭。這樣一來，騎在馬上的猴子形象也就成了“馬上封侯”的象徵。再經後世不斷改造、演化，猴與馬的組合便固定下來，其防馬病的巫術意味逐漸淡化，吉祥寓意越來越濃厚。還產生了一些變體，如加入胡蜂或蜂巢，以諧“封”音；表現猴子懸掛印信，以示“封侯掛印”等。

93 海屋添籌

緙絲海屋添籌圖掛屏

此圖緙繪結合，整體緙絲，人物五官、衣服上的花紋等細部則用筆繪出，設色柔和淡雅，是清代乾隆年間的緙絲畫佳作。

鬥彩人物紋菱花式花盆

此花盆外壁共六組圖紋，其一即是海屋添籌，造型規整，畫工細膩，是康熙年間的上乘之作。

宋代大文學家蘇軾在他所寫的小說《東坡誌林》裏講了這樣一個故事：傳說古代有三位老人相遇，互問年齡。一個說："我早就記不得自己有多大年紀了，只能依稀回憶起小時候常和盤古（神話中開天闢地的巨人）一起玩。"另一個說："我也說不清自己的年歲，就知道我把吃剩的桃核丟在崑崙山下，現在堆起來和山一樣高了。"還有一個則說："你們還年輕，我每次看見滄海變成桑田，就放一根計數的小竹籌在屋裏，現在，竹籌已經放滿整整十間屋子了。"故事極盡誇張之能事，反映了人們渴望健康長壽的願望。

從這個故事還衍生出一種說法，說東海中有蓬萊、瀛洲、瑤台三座神山，仙人居住其上。山中有樓閣，內貯寶瓶，插着象徵世人壽命的仙籌，只須得到仙人的恩准，就可以令仙鶴啣籌添入瓶中，每籌可使人多活百年。於是，海屋添籌就成了祝壽之詞，明清時期的吉祥圖案中也出現了表現這個典故的紋飾，常常描繪為仙山樓閣之上有瑞鶴啣籌翔舞的畫面。

94 布袋和尚

犀角雕布袋和尚

這件明晚期作品把彌勒的神態傳達得活靈活現，其成就不僅在犀角雕刻中允稱神品，即置諸同時代的造型藝術領域也不遑多讓。

相傳，五代後梁時有一位高僧，法名契此，又號長汀子，明州奉化（今浙江奉化）人，常用竹竿挑着一個大口袋在鬧市中化緣，所以得了“布袋和尚”的稱呼。他身材矮胖，肚腹奇大，總是咧嘴大笑，顯得瘋瘋傻傻，說話又總不依常理，普通人聽了都覺得莫名其妙，而有道行的禪師卻歎服他話裏的機鋒。有人說他預測天氣休咎，十分靈驗，還有人說看到他冬天臥於雪地而雪不沾身，種種軼聞，為他增添了許多傳奇色彩，直到他在岳林寺圓寂時，口占一偈：“彌勒真彌勒，分身千百億，時時示時人，時人自不識。”人們才恍然大悟，原來這位和尚是彌勒菩薩的化身。

相傳此後不久，有人在別的地方又看到布袋和尚優遊市井，而他的真身舍利卻依然完好地保存在岳林寺大殿的東堂上，於是人們更加相信他不是常人了。漸漸地，在漢化佛教中，布袋和尚因其富態、喜慶、健康、平和的容貌而成為民間喜聞樂見的彌勒形象，常被供奉在寺廟的天王殿內，接受信徒的膜拜。在北京古剎潭柘寺中還有一副名聯，將其形象和性格特點與處世的哲理聯繫起來，極為巧妙：大肚能容，容天下難容之事；開口便笑，笑世間可笑之人。

其實，彌勒本是大乘佛教中的“未來佛”，是釋迦牟尼佛的接班人，地位非常崇高。據說，他現在生活在彌勒淨土——兜率天，在釋迦牟尼寂滅以後，將下生人間，傳揚佛法。其標準形象應是身着菩薩裝，頭戴天冠，神態莊嚴。

95

觀音菩薩

德化窯觀音坐像

正因為觀音崇拜的普遍，觀音題材的藝術作品也數量巨大，這件明代何朝宗瓷塑觀音像當為其佼佼者。

觀音菩薩可能是在中國擁有最多崇信者的佛教神祇了，不過，觀音能夠這麼受歡迎，還是經歷了一番曲折的，其演化在佛教神祇的漢化過程中也很有代表意義。

甚麼是"菩薩"呢？所謂菩薩，是梵語"菩提薩埵"的略稱，意譯為"覺悟有情"，在佛教教義中是僅次於"佛"的第二等"果位"。觀音全稱"觀世音"，又稱"觀自在"等，也是梵語的意譯，是說觀音菩薩擁有大神通，可以關照到唸誦其名號的眾生，並立時前往解救。這個方便的救苦法門蘊含了觀音菩薩大慈大悲的濟世情懷，體現了佛的精神真諦，故令其得到信徒最多的愛戴。

觀音的身世在佛典裏沒有一致的描述。有的說他是蓮花化生；有的說他是轉輪聖王的大太子，其父成為西方極樂世界阿彌陀佛，其弟成為大勢至菩薩，父子組成"西方三聖"；還有的說他是從印度婆羅門教的善神雙馬駒演化而

來，佛教密宗的“馬頭觀音”與此說不無關係。在佛教徒看來，觀音為度化眾生，在過去、現在和未來“三世”顯現不同的身份，有不同的身世，是很正常的。而觀音在中國又被賦予了更多身份和變化，充分顯示了中國民眾的宗教信仰習慣和心理。

在佛國世界裏，諸佛、菩薩本無所謂男女，因為他們都是斷除煩惱證得菩提的“無漏”之身，早已超越性別的畛域，所以觀音為教化方便，會顯現不同形象，有男有女，共三十三種，稱“三十三身”。在佛教初傳的魏晉南北朝時期，觀音還長着髫鬚，到了唐以後，基本上被面目慈祥、天衣瓔珞的貴婦形象取代了。因為中國信徒普遍覺得觀音慈悲平易，母性十足，應是一位女性。這個由男變女的過程是觀音信仰漢化決定性的一步，對中國觀音信仰的繁盛起了至關重要的作用。

觀音的道場本在印度的“普陀洛迦（光明山）”，隨着觀音信仰在中國的日漸廣泛，信徒們將浙江舟山群島的梅岑山改作普陀山，編織了觀音於此顯聖的傳說，將其定為觀音道場。並規定農曆二月十九、六月十九、九月十九為觀音誕生、成道與出家的吉日。這裏遂成為規模宏大，飲譽海內外的海天佛國。

96 十八羅漢

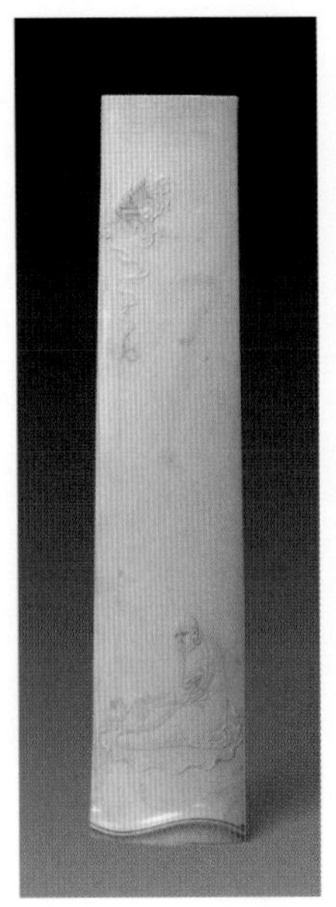
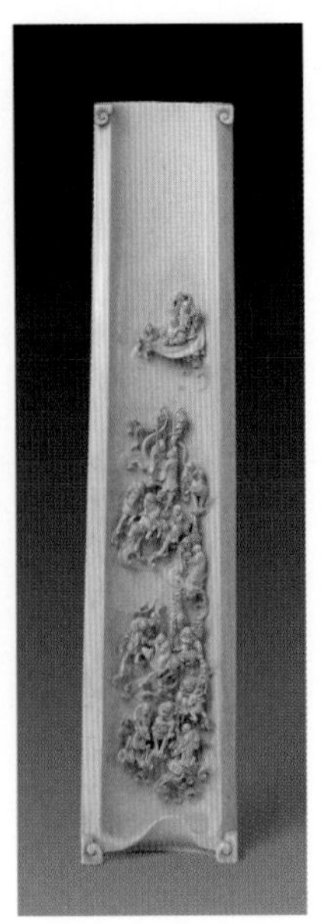

象牙雕十八羅漢渡海圖臂擱

此臂擱為清代牙雕製品，上方為三個藥叉托舉的彌勒佛，下方為十八羅漢各持法器，乘獅、猴、龍、麒麟等瑞獸踏浪而行，人物細小而形神兼备。

羅漢，是阿羅漢果的簡稱。依據佛教的教義，修行的成果是有等級之分的，每達到一個級別被稱為得證某個“果位”，“阿羅漢果”在早期的小乘佛教中是修行者的最高境界，能夠斷絕一切煩惱，不受轉世輪迴之苦。大乘佛教興起後，認為小乘只求自我解脫過於狹隘，應將普渡眾生作為最高的理想，羅漢就成了低於佛與菩薩的果位，佛指派他們常住世間，不入涅槃，為世人造福。在這些羅漢中最著名的當屬十八羅漢。

十八羅漢其實是由十六羅漢演化而來的。這十六羅漢是釋迦牟尼的弟子，佛經上清清楚楚地記載了他們的名字與來歷，傳播到中國後，又被加了兩位，湊成了十八羅漢。究其原因，大概與國人傳統心理中的數字偏好有關——“九”被看作陽數之極，寓意吉祥，而“十八”恰好是“九”的雙倍，所以特別得到重視。就這樣，自晚唐開始，十八羅漢的說法越來越普遍，到了元朝以後，各寺院的殿宇中常設十八羅漢塑像，十六羅漢反而不怎麼通行了。

最早的“十八羅漢”來自畫家的想像。北宋年間，蘇軾見到了兩位名畫家所繪的“十八羅漢像”：一是五代前蜀張玄的，一是貫休的，他分別題了十八首讚，在後一種的讚語中還標出了每位羅漢的名字。不過，新加入的兩位羅漢，有一位名字卻與十六羅漢中的一位重了。由於蘇軾個人的影響力，造成了後世對這兩位新羅漢名字與身份的持久爭論，直到清代，乾隆皇帝欽定第十七位羅漢為降龍羅漢，即迦葉尊者；第十八位為伏虎羅漢，即彌勒尊者，這筆糊塗帳總算了結。

與十八羅漢相關的藝術品非常廣泛，在很多佛教寺廟中都可以見到他們的雕塑，一般被刻畫成降龍、伏虎、笑獅、騎象、坐鹿、布袋、芭蕉、長眉、歡喜、沉思、過江、探手、托塔、挖耳、看門、開心、舉缽、靜坐等形式，特徵鮮明。在繪畫方面，李公麟、趙孟頫、錢選、仇英等畫家都繪製過相關作品。

97

一葦渡江

黃楊木雕達摩立像

這件晚明木雕達摩，雖為胡人形象，但褒衣博帶則為傳統漢服，其左手捧一蝠（福），更是中國傳統吉祥寓意。

德化窯達摩立像

此為明代嘉靖、萬曆年間瓷塑家何朝宗的代表作之一，達摩拱手跣足踏於波濤之上，細節繁複生動，具有極高的藝術水準。

菩提達摩（？—536），略稱達摩，本名菩薩多羅，南天竺（印度）香至國國王第三子，追隨般若多羅大師學習佛法，精通大小乘經典，發願度化眾生。南朝梁普通八年（527），達摩經長途航海到達南海（今廣州），並一路北上傳播佛法，行至北魏都城洛陽，後駐錫於嵩山少林寺，修習禪定，將自己的學說及《楞伽經》四卷授與弟子慧可等人，逐漸形成了“直指人心，見性成佛，不立文字，教外別傳”的佛教支派——禪宗。禪宗在勾畫法統的過程中，突出了達摩的地位，將其尊為中國禪宗的初祖及印度禪宗的二十八代傳人。隨着禪宗影響的壯大，附加在達摩身上的傳說也越來越多，為他的經歷蒙上了濃重的傳奇色彩。

據說，達摩來到中國後，即被梁武帝接至建康（今南京）。武帝篤信佛教，大舉建寺造像、抄寫佛經、發展僧徒，他很希望聽到這位高僧的讚許，但達摩卻說他：“無功德。”武帝詫異：“何以無功德？”達摩平靜地回答：“您太計較功德，就沒有實在的功德。”武帝不悅。達摩見話不投機，決定渡江去北魏尋找適宜的傳教地點。他來到江邊，卻找不到渡船，恰巧有個老婦帶着一捆蘆葦經過，於是他向老婦要了一根蘆葦，置於水中，踏在上面，乘風破浪而去，這就是“一葦渡江”的傳說。渡江北上後，他到達河南嵩山少林寺，在寺背五乳峰上找到一個天然石洞，便在裏面面壁靜修，不飲不食，長達九年，其影子留存石上，眉目隱約如畫，故名“面壁石”或“影石”。二祖慧可慕名而來，達摩卻不理不睬，為示誠心，慧可斷臂立雪，終於感動達摩，得傳衣缽。此後達摩繼續遊歷，傳說遇毒圓寂，葬於熊耳山（今河南宜陽縣），但又有出使西域的人說回國時在葱嶺看到他“隻履西歸”——提着鞋子翩翩西行回印度去了。

凡此種種大都只是軼聞，但作為禪宗祖庭，今天少林寺還保留着達摩亭、初祖庵等古跡，相傳少林寺僧所練就的少林拳等武功也是達摩所創。可以說，達摩雖是印度僧侶，卻在中國文化的發展史上留下了深深的印痕。

98 善財童子

顧繡五十三參圖冊（局部）
圖繡善財童子歷經磨難的參拜過程，共五十三開，本書只選四開。其中人物眾多，卻全無雷同，極為傳神，集繡、畫之大成，堪稱清代顧繡之精品。

看過《西遊記》的人都知道裏面有個紅孩兒，是牛魔王與鐵扇公主的兒子，因為同唐僧師徒為難，後來被觀音收服，作了善財童子。這是小說的演繹，實際上"善財"為梵文的意譯，是佛教菩薩名。據佛經上講，福城有位富有的長者，育有五百童子，其中的一個出生時，各種珍寶自然湧出，所以就給他取名"善財"。善，就是多的意思。善財聰明活潑，深得長者的歡心，但他視錢財如糞土，一心修行佛法。此時，文殊菩薩正在城東莊嚴幢娑羅林中說法。善財就去向文殊請教佛法真諦，文殊教他去向各位"善知識"求教。原來佛家稱朋友為"知識"，意為"我所知所識之人"，若其人善，則為善友善知識；其人惡，則為惡人惡知識。就這樣，善財告別文殊，開始了遊歷尋訪的歷程。他歷盡艱險，遊歷了一百一十個城市，參訪了菩薩、比丘、婆羅門、長者、商人、醫師、國王、佛母等五十三位善知識，最終得到普賢菩薩的點化，得成正果。這個過程被稱為"五十三參"，歷來是佛教所宣揚的執着求法的典範。

在中國，關於"五十三參"的偈讚與藝術作品十分普遍，有些大型寺院塑有表現這個題材的群像。而在觀音像的兩邊，往往侍立着男女童各一，左邊的就是善財童子，右邊的則是龍女。觀音本是善財參拜的第二十七位善知識，佛經中並沒有善財成為觀音脅侍弟子的記載，但民間因為"善財"之名，而把他看作財神，又因其"童子"的形象而被求子的婦女所膜拜，其俗神的性質已深入人心，這或許是他與觀音被結合在一起供奉的原因吧。

99 維摩說法

李公麟《維摩演教圖卷》

此畫是北宋著名畫家李公麟作品，畫中維摩端坐榻上，容貌清瘦，面容慈和。其筆墨渲染、線條勾描皆精妙傳神，實為垂範後世的名作。

據佛教經典記載，維摩是古印度一位著名的居士，他的音譯全稱為維摩羅詰，略稱維摩或維摩詰，意思是以潔淨而著稱的人。根據《維摩詰經》所說，維摩是居住在毗舍離的一個富裕長者，家財萬貫，奴俾成群，但修行虔誠，慈悲方便，在各階層中廣為宣揚大乘佛教的教義，受到人民的愛戴，有“在家菩薩”之稱。

據說有一次他稱病在家，驚動了佛陀。佛陀知道他辯才無礙，特意派出被譽為“智慧第一”的文殊菩薩前去探病。兩位菩薩藉此機會，互展機鋒，一時間妙語連珠，天花亂墜，同去的菩薩、羅漢們都聽得呆住了。一場論辯之後，文殊菩薩對維摩詰倍加推崇，而維摩所闡述的解脫煩惱的妙諦，也給眾生提供了智慧的良方。

在漢化佛教的造像中，維摩說法是一個常見的題材，一般都描繪為士大夫的形象，早期大抵作“清羸示病之容”。

100 鬼子母

佚名《揭缽圖卷》

此畫為元代作品，描繪的正是佛陀教化鬼子母的情節，其場景複雜，人物眾多，但有條不紊，人物勾畫細膩，鬼神形象豐滿，是一幅傑出的經變畫作品。

相傳，古印度王舍城中有一婦人，每天以盜食別家孩童為生，弄得人心惶惶。佛陀聽聞此事，告訴眾人，她並非普通女子，而是一位藥叉，前世為一懷孕的牧羊女，因被五百個赴王舍城法會的人所誘，參加舞蹈慶祝而流產，故發下怨毒惡誓：“我來世降生王舍城，要吃光那裏的小兒！”她轉生後生子五百，卻不改變心意，成了一個吃人的鬼子母。

佛陀以大慈悲心發願度化鬼子母，便首先以法力將她最小的愛子嬪伽羅藏起。鬼子母找不到孩子，心急如焚。佛陀故意前去問她：“你為甚麼如此傷心？”鬼子母道：“我最愛的孩子不知被誰偷走了！”“你不在家中看好你的孩子，去做甚麼了呢？”佛陀這一問，鬼子母立時醒悟，她丟失嬪伽羅時，正在偷別人家的孩子，心裏不覺已有悔恨之意。這時，佛陀又問：“你愛你的孩子嗎？”“嬪伽羅是我的最愛，我一刻也離不開他。”“你有五百個孩子，只丟了一個尚且如此，別人的孩子被你偷去吃掉，豈不是更傷心嗎？”佛陀的質問讓鬼子母啞口無言，於是她拜倒請求指點。佛陀說：“你要誠心懺悔，並以此刻的慈母之心去善待別人的孩子。”鬼子母表示接受佛陀的教誨，佛陀也就把

孩子還給了她。從此，鬼子母洗心革面，成為了天下孩童的保護者。

鬼子母本來是一個惡神，出自古印度婆羅門教神祇系統，又名“暴惡母”、“歡喜母”，梵文音譯為“訶利帝母”，後來被佛教吸收為護法神，成為“二十諸天”之一，稱鬼子母天。傳入中國後，一般與其他十九諸天共同被供奉在大雄寶殿的兩側。